SMALL BUSINESS

Créer sa marque et son identité

Pages d'ouverture de chapitres : © Shutterstock
(p. 10 et 120 : mavo ; p. 28 : Monkey Business Images ; p. 68 : Rawpixel.com)

http://entrepreneusescreatives.blogspot.fr/

ÉDITIONS EYROLLES
61, bd Saint-Germain
75240 Paris Cedex 05
www.editions-eyrolles.com

ISBN : 978-2-212-14449-9

Sophie-Charlotte Chapman
Sandrine Franchet

SMALL BUSINESS

Créer sa marque et son identité

EYROLLES

Sommaire

III
CONCRÉTISER SA MARQUE : L'IDENTITÉ VISUELLE

IV
PROTÉGER SA MARQUE ET SES CRÉATIONS

Avant-propos

Toutes deux consultantes et formatrices en communication, web, marketing et entrepreneuriat, nous avons la chance d'accompagner chaque jour des small business en activité ou en devenir. Qu'ils se soient déjà lancés ou encore en phase projet, l'une des questions principales de nos interlocuteurs reste : « Est-ce que cela va marcher ? » Difficile de répondre à cette question, car il n'existe aucune recette miracle lorsqu'on se lance dans la création d'une entreprise : que l'on s'appuie sur une étude de marché préalable approfondie ou que l'on décide, comme nombre de nos clients, d'y aller à l'instinct, en testant petit à petit la viabilité de son activité, rien ni personne ne garantit le succès. Le meilleur moyen de savoir ce qu'il va se passer est encore de se lancer en mesurant les risques, notamment financiers, bien sûr ! Mais une chose est certaine : il faut mettre toutes les chances de son côté pour obtenir les retombées espérées. La véritable question à se poser est donc surtout : « Comment puis-je réussir ? »

De nombreux leviers peuvent être actionnés pour assurer à votre projet ou votre activité le succès qu'il/elle mérite. La simplification des contraintes administratives, ces dernières années, a considérablement facilité l'accès à l'entrepreneuriat. Tandis que les technologies numériques, toujours plus efficaces et moins coûteuses, offrent de multiples opportunités, tant pour se former aux différents « métiers » de l'entrepreneur (marketing, comptabilité, vente, informatique, logistique, etc.) que pour se faire connaître. Être présent (et surtout trouvé) en ligne fait partie des priorités pour faire vendre ses produits ou ses services. D'où l'importance de soigner son référencement naturel.

Mais plus encore, marquer durablement les esprits, développer une réelle communauté de clients fidèles, voire d'ambassadeurs, autour de vos produits et surtout de votre univers, représente un enjeu essentiel pour le développement et la pérennité de votre entreprise.

Chaque entrepreneur fait aujourd'hui face à une concurrence intense : celle des autres entrepreneurs qui visent le même segment de clientèle ; celle des particuliers, qui ont désormais accès aux mêmes outils que les professionnels (places de marchés, logiciels, réseaux sociaux, etc.) pour vendre leurs productions ou prestations de services ; ou celle des grandes marques ou distributeurs, qui n'hésitent pas à s'inspirer de l'esthétique « créateur » pour faire fabriquer en grande série et à bas coûts des objets aux prix de vente imbattables.

Dans ce contexte, pour réussir à développer son business, l'entrepreneur ou le porteur de projet doit impérativement faire la différence, s'imposer en tant qu'expert dans son domaine et faire connaître non seulement ses produits, mais tout son univers Et donc créer et faire vivre sa propre « marque », à la fois forte visuellement et riche en valeurs. Tout en nouant avec ses clients et sa communauté une relation pleine de confiance et de convivialité.

Cet ouvrage a pour objectif de vous aider à donner naissance à votre marque puis à la faire vivre, tant sur le fond (via une vraie réflexion sur les messages et valeurs qu'elle véhicule) que sur la forme (identité visuelle). Parce qu'il n'est jamais trop tard ou trop tôt pour entamer ce travail, nous vous invitons à puiser dans notre nouveau livre les conseils dont vous aurez besoin pour donner à votre activité les fondations dont elle a besoin pour prospérer !

Introduction

Créer puis faire vivre sa marque est un travail de longue haleine. Et ce, quelle que soit la « taille » de l'entreprise. Nous pourrions vous épargner le proverbe « Rome ne s'est pas faite en un jour ». Et pourtant, cette expression en dit long… Rome serait-elle la même sans ses monuments et son histoire ? Ce qui fait l'âme d'une ville, d'un pays, d'une personne réside principalement dans son caractère et son histoire.

Pour vos créations comme pour votre entreprise, il en va de même. Votre marque est en effet le reflet de votre histoire et la garante de vos valeurs, celles que vous souhaitez transmettre au monde, à travers votre travail et les produits/services que vous vendez. Si la marque reste un concept marketing, elle se matérialise physiquement et visuellement pour assurer sa reconnaissance par le plus grand nombre de clients.

Créer puis faire connaître sa propre marque, c'est donc se donner les moyens de s'afficher comme un professionnel crédible et respectable. C'est décider de s'affirmer en tant qu'entrepreneur et donner à voir, de manière concrète, ce qui constitue l'âme de votre entreprise. C'est donc un véritable cocktail d'idées, de goûts, de valeurs, de couleurs qui, une fois combinés harmonieusement, signeront votre identité visuelle. Celle qui vous accompagnera tout au long de votre aventure entrepreneuriale et exprimera votre singularité.

Plus que jamais, les créations fait-main et artisanales, les produits locaux ou encore les services des indépendants et free-lance ont besoin d'être associés à un vrai nom de marque et de dégager une identité forte pour attirer l'attention de leurs futurs clients (déjà sollicités en permanence), pour les engager et surtout les rassurer dans leur décision d'achat.

Nous verrons dans cet ouvrage les différents enjeux qui se cachent derrière la notion de marque et d'image de marque, mais aussi les principales étapes à ne pas négliger pour donner vie puis développer sa propre marque : réflexion sur les messages portés par la marque, création et mise en œuvre de l'identité visuelle et enfin protection de la marque, notamment d'un point de vue juridique.

Comme à notre habitude, nous avons fait appel à de nombreux experts et professionnels d'horizons variés, à même de partager avec vous conseils pratiques, témoignages et retours d'expériences. Nous avons notamment fait une large place à ceux sans qui tout ce travail de branding ne pourrait voir le jour : les graphistes !

YOGHURT, HONEY
MIX BERRIES, Muesli
YOGHURT, Banana
HONEY
ADD GOJI
BERRY

I

POURQUOI CRÉER SA MARQUE ?

AU PROGRAMME

UN SIGNE DE RECONNAISSANCE

Elles sont partout, envahissent notre quotidien : apposées sur nos objets fétiches comme sur nos produits d'hygiène, nos vêtements, nos paquets de céréales, sur les affiches, dans nos programmes télé, nos magazines. Elles s'invitent dans la plupart de nos pages web, à coups d'annonces ou d'articles sponsorisés. Elles s'expriment sur les réseaux sociaux au même titre que nos amis ou nos relations professionnelles. Certaines ont même investi notre vocabulaire quotidien, en se transformant en noms communs (Frigidaire, Sopalin, Kleenex...).

Qui ? Les marques, bien sûr !

Des petits commerces locaux aux entreprises planétaires, en passant par les associations, les grandes villes et même des personnalités, nombreux sont les acteurs qui cherchent à sortir du lot, à être reconnus et à rester dans les mémoires dans un monde saturé d'informations et de sollicitations.

La solution ? Arborer une « marque », c'est-à-dire un signe distinctif qui permet de les identifier en un instant, sans confusion possible, mais aussi de les associer à un espoir ou un souvenir positif, à un sentiment de confiance.

Dans ce premier chapitre, nous vous proposons d'explorer les notions de marque, d'image et d'identité de marque. Et surtout de comprendre en quoi créer et faire vivre sa marque peut s'avérer utile pour votre développement et la pérennité de votre business.

Qu'est-ce qu'une marque ?

À cette question toute simple, il n'est pas si aisé d'apporter une réponse concise. Dans le langage commun, la « marque » renvoie à la trace, l'empreinte ou encore au signe distinctif apposé sur une chose pour la distinguer, la reconnaître, la repérer. Le terme anglais *brand*, lui-même issu de l'allemand *Brand* (tison), renvoie au marquage au fer des animaux de bétail, dans l'objectif d'identifier leur propriétaire. Une marque est un ensemble de caractères et signes distinctifs (essentiellement visuels, mais aussi sonores, voire olfactifs) qui appartient à un producteur ou un distributeur de produits/services, permettant de les désigner et de les distinguer des produits/services des concurrents. Elle est également pour le consommateur un repère de qualité, réelle ou supposée.
Ces signes distinctifs sont variés : en premier lieu, on pense au nom bien sûr (celui du fondateur, Christian Dior par exemple, ou un nom inventé, comme Kiabi), mais une marque peut aussi être constituée de chiffres (la bière *1664*, le parfum *N°* 5 de Chanel), d'un sigle (IBM), d'un symbole (la pomme d'Apple ou la virgule de Nike), d'un son (celui, caractéristique et déposé, du moteur de Harley-Davidson), ou encore d'une couleur (la semelle rouge des escarpins Louboutin).
Ces différentes approches ne suffisent toutefois pas à rendre compte des multiples facettes que recouvre le terme de « marque ». Un terme qui renvoie à la fois à un concept juridique, à un actif économique (la marque, si elle est suffisamment forte, peut être valorisée financièrement au titre du capital dit immatériel d'une entreprise) ou encore à un concept marketing (la marque doit devenir une promesse de qualité).

LA MARQUE, UN CONCEPT JURIDIQUE

L'article L. 711-1 du Code de la propriété intellectuelle précise que : « La marque de fabrique, de commerce ou de service est un signe susceptible de représentation graphique servant à distinguer les produits ou services d'une personne physique ou morale.

Peuvent notamment constituer un tel signe :

- les dénominations sous toutes les formes telles que : mots, assemblages de mots, noms patronymiques et géographiques, pseudonymes, lettres, chiffres, sigles ;
- les signes sonores tels que : sons, phrases musicales ;
- les signes figuratifs tels que : dessins, étiquettes, cachets, lisières, reliefs, hologrammes, logos, images de synthèse ; les formes, notamment celles du produit ou de son conditionnement ou celles caractérisant un service ; les dispositions, combinaisons ou nuances de couleurs. »

La loi, tout en laissant une grande liberté dans les signes pouvant être utilisés comme marque, impose cependant qu'ils soient susceptibles d'être représentés graphiquement. Ainsi, il n'est pas possible de déposer une odeur comme marque (alors qu'une mélodie peut être représentée par des notes de musique).

Le dépôt d'une marque auprès de l'Inpi (Institut national de la propriété intellectuelle) n'est pas anodin : c'est un acte de propriété qui confère à son titulaire le monopole d'exploitation de cette marque sur le territoire français pendant 10 ans renouvelables indéfiniment. Il permet à son propriétaire de poursuivre en justice les personnes imitant ou utilisant frauduleusement sa marque, mais aussi de s'opposer au dépôt de marques similaires ou trop proches, susceptibles de créer une confusion.

Mais attention : le monopole lié à la marque est limité à une liste précise de produits et/ou services pour lesquels elle est déposée. Par ailleurs, elle doit être véritablement exploitée pour bénéficier de la protection liée au dépôt (pour en savoir plus, reportez-vous au paragraphe « La propriété intellectuelle et le rôle de l'Inpi » du chapitre IV).

Par ailleurs, envisager la marque uniquement sous sa dimension juridique est insuffisant pour rendre compte de la complexité du concept. En effet, une marque est aussi un actif économique et un atout marketing.

LA MARQUE, UN ACTIF DE VALEUR POUR L'ENTREPRISE

Posséder une marque forte, au même titre que d'autres types de droits de propriété intellectuelle ou industrielle (brevets, modèles, etc.), enrichit l'entreprise en entrant dans son capital dit immatériel. Celui-ci sera valorisé en cas de vente de l'entreprise et peut même devenir une source de revenus tangibles : franchise, licence ou cession de marque. Elle peut également être mise en garantie (nantissement de marque) en cas de besoin.
Mais la valeur d'une marque est un actif fragile, qu'il convient de faire fructifier en permanence. Et qui, à l'inverse, peut rapidement se déprécier si de mauvais choix stratégiques sont faits. Par exemple, si sa notoriété n'est plus entretenue ou encore si la promesse de qualité qui lui était attachée n'est plus respectée.

LA MARQUE, UN ATOUT MARKETING

La marque n'est pas seulement un titre de propriété ou un actif immatériel. Elle est avant tout un symbole, celui de la qualité du travail de la personne physique ou morale qui la crée et de l'attention portée à ses clients. Elle est une promesse, voire un contrat moral. Darty parle ainsi de son « contrat de confiance ». Au-delà des caractéristiques techniques et esthétiques du produit, la marque apporte une histoire et un sens supplémentaire à l'acte d'achat. À tel point qu'un produit identique, vendu sous deux marques différentes, sera perçu différemment par le consommateur. C'est le cas tout simple des biscuits au beurre comme le Petit-Beurre de LU. À l'origine, il s'agit d'une sorte de sablé au beurre, spécialité nantaise. LU n'est pas la seule marque à le commercialiser et pourtant, elle reste la référence. À tel point que le nom déposé de « Petit-Beurre LU » a donné sa dénomination commune à tous les biscuits de recette et forme équivalentes, quelle que soit la marque qui les vend. Mais dans l'imaginaire de tous les Français, le véritable petit-beurre reste celui de LU.
Les clients associent à une marque, de manière plus ou moins rationnelle, des qualités, des défauts, des valeurs... et vont s'identifier à l'une plutôt qu'à l'autre. On connaît les débats sans fin qui ont pu exister entre les tenants de Renault et ceux de Peugeot, ou plus récemment les fans d'Apple et ceux qui ne jurent que par Microsoft.

Certaines marques ont en outre le « pouvoir » d'apporter à ceux qui les utilisent ou les portent une aura spéciale ou un statut social. « Si à cinquante ans, on n'a pas une Rolex, on a raté sa vie », a pu asséner, sans rire, le pape de la publicité Jacques Séguéla en 2009 (qui a reconnu plus tard que son assertion était une « connerie »). Plus sérieusement, construire une marque qui emporte la confiance de sa cible, c'est s'assurer une certaine fidélité (même si elle n'est plus aussi totale qu'elle le fut autrefois), du bouche-à-oreille positif, des achats « les yeux fermés », des négociations facilitées avec les distributeurs, des marges supérieures, un sentiment de fierté des personnes amenées à travailler avec ou pour elle...

L'ANALYSE DE FRÉDÉRIC AUBRUN : « LA MARQUE : UNE REPRÉSENTATION DÉSORMAIS CULTURELLE PLUS QUE COMMERCIALE »

Docteur en sciences de l'information et de la communication, consultant sémiologue, spécialiste de la marque, enseignant en sémiologie et identité de marque à l'ISCPA Lyon

Au-delà du simple signe distinctif, comment définiriez-vous le terme « marque » ?

Je définirais la marque comme un objet sémiotique et communicationnel avant tout, qui ne se limite pas à la sphère de la consommation ou au cadre primaire de la transaction commerciale. Si sa naissance coïncide bien avec le développement des marchés de masse, force est de constater qu'aujourd'hui la marque est devenue plus qu'un signe servant à identifier un produit ou une entreprise : elle fait partie intégrante de notre société en occupant au sein de celle-ci une place hautement symbolique, en s'infiltrant dans tous les domaines (économique, politique, médiatique...).

Dans sa nouvelle phase, la marque se fait omniprésente dans l'espace physique et digital, sous des formes diverses et variées, notamment en empruntant des formes médiatiques et culturelles plus valorisées socialement, comme peut en témoigner l'avènement des Web séries de marque ces dernières années : *L'Effet Papayon* d'Oasis, *Comme le disent* de La Banque Postale, *Really Friends* de Nescafé, *Margot* Vs. *Lily* de Nike...

La notion de marque a-t-elle évolué dans l'Histoire ? Assiste-t-on aujourd'hui à une « explosion » du phénomène des marques ?
La marque est un concept en mutation constante. Nous sommes passés de la marque marchande à un modèle alternatif à la fin des années 2000, qui déborde du territoire de la consommation en se généralisant à d'autres univers, notamment politiques. Différents types d'énonciateurs (altermondialistes, journalistes, créateurs, etc.) ont adopté la logique de marque comme un principe sémiotique, de gestion du sens, dans leurs discours. À travers cette dissémination sociale, la marque arrive aujourd'hui à un nouveau stade, renforçant davantage sa démarcation vis-à-vis de l'univers marchand par des stratégies de masquage du stigmate publicitaire. Cette posture inscrit la marque dans des logiques d'appropriation médiatique et culturelle, avec une interpénétration croissante des registres commercial et créatif. Cela se traduit notamment par l'adoption de nouveaux discours et formats dans l'espace médiatique, poussant la marque à s'extraire du cadre commercial, pour épouser une forme plus communicationnelle.

Les marques sont-elles réservées aux entreprises/au domaine commercial ?
Les marques débordent largement du territoire de la consommation en investissant de nouveaux domaines au sein de l'espace sociétal. On observe plus précisément un élargissement du périmètre d'action des marques au profit d'une représentation plus culturelle que commerciale. La mise en scène des produits et des marques placés dans les médias illustre ce phénomène de dissémination de la marque au sein de la société. La marque est à envisager autant dans sa dimension symbolique que gestionnaire. La culture du numérique est d'ailleurs au centre du dispositif sémiotique de la marque dans le cas des Web séries de marque, ces programmes courts diffusés sur le Web et destinés à promouvoir une marque sous une forme sérielle. Dans ce contexte de « culturalisation » des marques, celles-ci ne sont plus seulement réservées aux entreprises, mais démontrent leur capacité d'autonomie communicationnelle.

Image de marque, identité de marque, réputation, notoriété : ces différents termes sont-ils des synonymes ou recouvrent-ils des notions fondamentalement différentes ?
Ces termes recouvrent des acceptions différentes, tout en se recoupant. L'image de marque est difficile à évaluer, car elle nécessite de prendre en

compte à la fois l'image voulue par les gestionnaires de marque et l'image perçue par le public. Sur Internet, l'identité de marque est le reflet numérique qu'une marque porte sur le Web, réseaux sociaux y compris (d'où le rôle important des *community managers* dans la gestion de cette identité numérique, nommée alors e-réputation). La réputation est l'image que se font les destinataires d'une marque. Cette notoriété façonne l'identité d'une marque, c'est pourquoi il est difficile de mesurer les frontières entre toutes ces notions qui renvoient de manière générale à la gestion de marque. Avec l'avènement du *brand content*, le métier de *brand manager* doit aujourd'hui composer avec la gestion éditoriale d'une marque, notamment sur le Web. L'e-réputation d'une marque passe aujourd'hui par la création de contenus de marque sur le Web, en plus de la veille traditionnelle.

En quoi créer sa marque est utile (indispensable ?) pour un entrepreneur qui lance son activité ? Existe-t-il des secteurs d'activité pour lesquels il est inutile de vouloir lancer une marque ?

Créer sa marque est utile pour un entrepreneur qui lance son activité dans la mesure où cela donne du sens à son projet. Or, tous les secteurs d'activité sont porteurs de sens et ont donc besoin d'entrer dans une stratégie de marque pour communiquer. L'évolution du concept de marque et sa généralisation en font aujourd'hui un outil sémiotique incontournable de la création.

Pourquoi créer une marque ?

Toutes les entreprises n'ont bien sûr pas besoin de créer une marque pour exister. De nombreux petits artisans ou commerçants, par exemple, se contentent d'exercer sous leur nom propre ou sous une dénomination commerciale. Et pourtant, à Nantes, un plombier-chauffagiste a choisi de créer et déposer sa marque : Ze plombier. Et d'adopter un positionnement moderne, connecté et écologique, en se déplaçant à vélo triporteur.

UNE MARQUE POUR… MARQUER SA DIFFÉRENCE

Dans de nombreux cas, se doter d'un « nom de scène » et d'une identité visuelle (voir le chapitre III) permet à l'entrepreneur de s'afficher publiquement, notamment sur le Web, de façon crédible et professionnelle.

LE TÉMOIGNAGE DE SONIA : « NOTRE MARQUE MATÉRIALISE NOTRE VOLONTÉ DE DÉPOUSSIÉRER LE MÉTIER »

Cofondatrice de Ze Plombier, plombier-chauffagiste à Nantes
zeplombier.fr

Avec Pierre-Olivier, mon mari, qui est plombier-chauffagiste, nous avions le projet de créer notre entreprise depuis quelque temps. Tout s'est accéléré en 2010, lors des grèves de raffineries, lorsqu'il a dû aller dépanner un ami dans le centre-ville de Nantes en utilisant son vélo. Il en est revenu avec notre concept (un plombier qui se déplace de manière écologique, à vélo) comme une évidence. Très vite, sans trop réfléchir, nous avons cherché à acheter un vélo susceptible de transporter tout son matériel et nous avons découvert les vélos triporteurs nantais Nihola.

Titulaire d'un BTS action commerciale et d'une licence en marketing, j'ai, dès le départ, souhaité définir une vraie identité de marque, qui matérialise notre approche nouvelle : une volonté de dépoussiérer le métier de plombier-chauffagiste, de casser les clichés autour de la profession et d'instaurer une vraie proximité avec nos clients, qui passe aussi par une présence internet via notre site et les réseaux sociaux.

© Ze Plombier

Assez rapidement, nous avons trouvé notre nom, Ze Plombier, notre logo, ses couleurs... Nous étions accompagnés par la Fondation Ernst & Young pour les métiers manuels, qui nous a conseillé de déposer notre marque à l'Inpi. Nous l'avons déposée comme marque visuelle (notre logo), car il est difficile de protéger un nom commun comme « plombier ».

Même si au départ, dans la rue, les passants pensaient que le triporteur de Pierre-Olivier était un véhicule publicitaire et non son outil de travail, assez rapidement, notre image différenciante nous a permis de développer notre clientèle et notre entreprise. Nous avons pu embaucher notre premier salarié au bout de trois ans, le suivant un an et demi plus tard et nous cherchons à recruter actuellement un nouveau collaborateur – mais nous avons du mal à le trouver.

Nous y sommes allés à fond dans la mise en avant de notre marque, par exemple en faisant fabriquer des tenues au logo Ze Plombier (même les caleçons des plombiers : de ce fait, quand ils se baissent pour travailler sous un évier apparaît la petite étiquette Ze Plombier, ce qui fait sourire les clients !) ou encore des mugs à notre image, que nous offrons à nos meilleurs clients. Notre objectif : qu'ils aient le réflexe Ze Plombier en cas de besoin.

Nous avons eu également de bonnes retombées de la presse lors du lancement de notre concept, ce qui a aidé à notre visibilité.

Nous avons en outre contribué à créer le collectif nantais Les boîtes à vélo (https://lesboitesavelo.wordpress.com), qui réunit des entrepreneurs à vélo, et qui a depuis essaimé à Paris et à Grenoble.

Nous aimerions par ailleurs pouvoir développer notre marque sous forme de franchises dans d'autres villes. Pour l'instant, nous manquons de temps et de compétences pour réaliser ce projet, mais il reste dans nos objectifs pour le futur.

© Ze Plombier

UNE MARQUE POUR ÊTRE RAPIDEMENT IDENTIFIABLE

Dans tous les domaines de notre vie quotidienne, se connecter à Internet est devenu notre premier réflexe : partager ses découvertes insolites, ses achats coups de cœur ou simplement les moments de sa journée sur Instagram, organiser ses vacances en dénichant sa future destination, son lieu de résidence et en comparant les prix des vols sur des moteurs de recherche spécialisés, préparer son mariage en compilant ses inspirations dans un *board* Pinterest, lancer un appel à l'aide sur Facebook dans l'espoir de trouver la perle rare pour un cadeau de naissance de dernière minute…

Or, de plus en plus, dans nos applis, sur les réseaux sociaux, et même sur Google, le « visuel » domine. Pour dénicher ce petit sac doré qui irait si bien avec notre tenue de fête, rien de tel qu'une recherche « images ».

Il est également démontré qu'un *post* Facebook contenant un visuel, une photo et une vidéo, aura plus d'impact et générera plus d'engagement qu'un simple statut. Les réseaux sociaux encouragent cette tendance en incitant à agrémenter ses profils d'une photo de profil mais aussi d'une photo ou d'un visuel de couverture.

C'est pourquoi les entreprises, et même parfois les individus (voir au chapitre II la notion de « *personal branding* »), ont tout intérêt à se doter d'une identité visuelle claire et reconnaissable au premier coup d'œil. Celle-ci se traduit par différents éléments graphiques dont le logo fait notamment partie, mais aussi un code couleur ou encore une palette de couleurs qui lui est propre.

Sur Instagram, certains profils s'efforcent ainsi de poster des photos travaillées avec le même filtre ou présentant les mêmes tons, pour accentuer la sensation d'harmonie de leur profil et favoriser la reconnaissance de leurs clichés.

Un tel choix de symboles permettra une reconnaissance facile pour le plus grand nombre. Difficile d'imaginer une présence en ligne sur les réseaux sociaux sans un nom et une représentation visuelle qui vous distinguent des autres créateurs.

© Organiccocoon

Identité de marque et image de marque

Pour donner vie à sa marque, et surtout pour la rendre véritablement reconnaissable et mémorisable, choisir un nom, une « *baseline* » (voir le chapitre suivant), un logo et ses couleurs ne suffit cependant pas.
Une marque ne se limite pas à ces éléments graphiques, c'est-à-dire à sa forme. La marque est une conception « vivante » qui parle, s'exprime, change, évolue au fil du temps. Elle doit véhiculer du fond, c'est-à-dire des valeurs, des idées, qui dépassent la dimension purement commerciale. Une marque possède un certain « pouvoir » : celui de transmettre une image et de faire passer des messages.

TRAVAILLER SON IDENTITÉ DE MARQUE

La marque envoie aux clients une vision d'elle-même (et de son créateur) que l'entrepreneur construit chaque jour et essaie de retranscrire au mieux dans tous ses actes de communication.
Faire vivre sa marque, c'est la doter d'une véritable identité, d'une personnalité. On parle aussi de l'ADN d'une marque, en référence au fait que l'ADN de chaque être humain est unique et permet de l'identifier à coup sûr.
L'identité de marque, c'est une représentation mentale, celle dont le créateur de la marque souhaite qu'elle soit perçue par les consommateurs.
Travailler cette identité de marque suppose de s'attacher non seulement à sa représentation graphique et à son nom, mais aussi à son positionnement, à son prix, à ses valeurs, à son histoire, à ses canaux de distribution. Avec pour principal objectif de conserver une cohérence de tous les instants, indispensable pour porter un message clair, susceptible de créer de la confiance et d'être mémorisé.

GÉRER SON IMAGE DE MARQUE

Pourtant, malgré tout le soin que vous apporterez à construire et à diffuser votre identité de marque, vous ne pourrez pas contrôler les représentations que se feront les consommateurs de votre marque. C'est la fameuse « image de marque ».

Au-delà de la simple « notoriété » (notion qui ne prend pas en compte la manière, positive ou négative, dont est connue votre marque), l'image de marque se rapproche de la réputation : elle est le jugement de valeur porté par le public sur la marque.

Imaginons que vous souhaitiez prendre une « photo » de votre marque, à quoi ressemblerait-elle ? L'angle, la lumière, l'appareil, les compétences du photographe, la qualité d'impression... la photo parfaite dépend de bien des paramètres. Et prend souvent du temps à obtenir. Pourtant, chaque jour, ce sont des instantanés fugaces de votre marque que le visiteur capturera, en quelques secondes, lors d'un passage sur votre site, dans une boutique ou sur un stand d'exposition. Ce qu'il en comprendra, retiendra, aimera ou détestera contribuera à votre image de marque.

Gérer votre image de marque, la valoriser voire la protéger est, vous l'avez compris, un travail de tous les jours, dans lequel le droit à l'erreur est proche de zéro.

Comment définir votre identité de marque ? Comment faire en sorte que cette représentation de votre business soit la plus réussie et la plus mémorisable possible ? C'est l'objet de cet ouvrage. Nous vous recommandons de le parcourir stylo et carnet de notes à la main, afin de vous assurer qu'au cours de votre lecture, chaque petite lumière, chaque ébauche d'idée laisse une trace. Car une marque se construit par petites touches, et se nourrit de petits détails, à première vue insignifiants et pourtant si évocateurs pour votre public.

N'oubliez pas, en outre, que votre marque révélera beaucoup de vous. Et que donner naissance à une marque rayonnante passe avant tout par une connaissance et une acceptation de soi. La création d'une marque à succès est un voyage au long cours, une aventure palpitante que nous vous invitons à (re)vivre avec nous !

II

CRÉER SA MARQUE, C'EST RACONTER UNE HISTOIRE

AU PROGRAMME

UN MESSAGE À TRANSMETTRE

Avant de se traduire par une charte graphique, une palette de couleurs, une ambiance de boutique, une marque incarne, on l'a vu, une promesse de différence, de qualité, de valeurs, d'engagement, de stabilité, de cohérence.

Créer sa marque, puis la faire vivre, est un acte complexe, qui ne se résume pas à choisir ou à dessiner soi-même son logo et à faire un dépôt à l'Inpi (même si ce sont, bien sûr, des étapes importantes du processus) : c'est avant tout s'interroger sur le message que l'on souhaite transmettre, à travers sa marque, à ses clients. Dès le départ, puis régulièrement, décider de la promesse sur laquelle on est prêt à s'engager et qui fera que son offre est unique. Bref, s'attacher au fond avant de se focaliser sur la forme.

L'entrepreneur créatif au cœur de sa marque

Contrairement à une grande entreprise, qui dispose de nombreux services dédiés au marketing, à la vente, aux achats, à la logistique, aux aspects juridiques, etc., l'entrepreneur créatif est bien souvent seul à la tête de son projet, et doit assurer sur tous ces fronts. Il est celui qui prend toutes les décisions et a pour seul objectif la satisfaction de ses clients.

Si la créativité est évidemment son principal atout, la vente n'est pas toujours sa tasse de thé. Imaginer de nouvelles pièces et de nouveaux modèles, dans le secret de son atelier ou l'effervescence des échanges avec son entourage est une chose. Devoir en faire « l'article » auprès de son public, accepter de rencontrer parfois l'indifférence, parfois les critiques, vis-à-vis d'une création que l'on a caressée longuement de l'esprit avant de la faire naître de ses doigts, en est une autre.

METTRE SA CRÉATIVITÉ ET SA PERSONNALITÉ AU CENTRE DE SON BUSINESS

Peur de se mettre en avant, de parler de sa personne et de son travail, d'engager éventuellement la négociation (notamment avec les revendeurs) : le créateur manque souvent de confiance en lui, alors même qu'il est, par son talent, sa créativité, son habileté technique, sa connaissance du processus de fabrication et des attentes de sa clientèle, le centre de gravité de son activité.

Son envie d'entreprendre, son goût pour l'indépendance et la liberté, ses sources d'inspiration, ses envies, ses rêves : tout cela transparaît et s'incarne dans son travail. Ses créations et/ou ses prestations sont l'expression de sa créativité et sont indissociables de sa personnalité.

Un créateur ne vend pas une création qui ne lui ressemble pas. Bien souvent d'ailleurs, il ne crée pas pour vendre, même si sa créativité est souvent tournée vers les autres, inspirée par l'envie de mettre du beau dans leur vie ou de répondre d'une manière nouvelle et esthétique à leurs besoins. Mais il vend ce qu'il crée pour pouvoir continuer à pratiquer son art et remplir la « mission » qu'il s'est donnée.

Pour autant, l'entrepreneur créatif ne doit pas seulement s'affairer en coulisses. Il doit aussi accepter de faire partie du « spectacle » et ne pas hésiter à venir sur le devant de la scène. Une marque indépendante est portée avant tout par son fondateur. Qui mieux que celui ou celle par qui tout a commencé pourra présenter et défendre son travail ?

Imaginez un réalisateur, un chanteur, un romancier ou un acteur qui refuserait des interviews : les personnalités publiques n'ont pas d'autre choix que de se prêter au jeu des médias pour faire la promotion de leurs créations et collaborations. Les questions des journalistes portent d'ailleurs très souvent sur leurs sources d'inspiration, leur processus créatif : comment est née cette chanson ? Pourquoi ce film ? Qui vous a inspiré ce personnage principal ? C'est en découvrant l'univers, l'histoire de l'artiste et les coulisses de son travail qu'on apprend à l'apprécier. Le public a besoin de savoir qui se cache derrière l'œuvre ou le personnage.

De la même manière, un créateur ne doit pas hésiter à communiquer, à parler de son histoire, de sa passion, de ses inspirations, de ses engagements. Posséder une marque à l'identité solide et cohérente, qui incorpore puis retranscrit ce cocktail unique, est une manière particulièrement efficace de donner à voir à son public ce qui fait la valeur de son travail et de ses créations.

Attention, cela ne signifie pas que l'entrepreneur créatif doive devenir une personne publique, s'afficher sans cesse et raconter tout de sa vie privée ! Nombreux sont ceux qui désirent conserver une certaine discrétion, en refusant par exemple de poster des photos d'eux ou même de s'exprimer à titre personnel sur les réseaux sociaux.

Comme dans la vie de tous les jours, un entrepreneur décide de la limite entre sa vie professionnelle et sa vie personnelle. Cependant, il faut garder à l'esprit que tout métier commercial demande une implication de la personne qui vend, et si cette personne est également celle qui crée les modèles, alors elle doit accepter et assumer sa part de responsabilité dans le développement et le succès de sa marque.

LE TÉMOIGNAGE D'ADELINE KLAM : « MON IMAGE DE MARQUE, C'EST MON UNIVERS MAIS AUSSI MA PERSONNE »

Créatrice de la boutique et de la marque de papier origami qui porte son nom
adelineklam.com

Pourquoi avoir choisi d'utiliser votre nom comme nom de marque ?

Je n'ai pas tout de suite choisi le nom d'Adeline Klam, j'ai beaucoup hésité. Ou plutôt, je n'osais pas. Cela me paraissait trop centré sur moi et pourtant, c'était ce qu'il y avait de plus simple et de logique. Pour Cédric, mon mari, cela s'imposait et il a fini par me convaincre.

J'ai tenté de trouver un jeu de mots ou un terme poétique correspondant à mon univers, mais le manque d'inspiration et le risque que cela se démode m'ont découragée. Le nom de marque « illustratif » n'est pas venu.

Mes amis m'ont également conseillé à plusieurs reprises de choisir le nom Klam pour sa sonorité et son originalité, que je ne percevais pas forcément, du fait d'en être trop familière, de l'avoir entendu depuis toujours.

En revanche, la sonorité d'Adeline m'a paru chantante et gaie… c'était un point très important pour l'univers de ma marque. Au final, prendre mon nom de créatrice s'est avéré un choix plus personnel, et non plus centré sur mes créations. C'était devenu une évidence et il fallait que je l'assume.

Crédit photographique : Alain Klam – © Adeline Klam

Comment intégrez-vous votre personne dans votre travail au quotidien et dans votre image de marque ?

C'est, au quotidien, une présence sur les lieux : en effet la boutique et les bureaux sont au même endroit. Cela me permet d'être en permanence en contact avec mes clientes et mon équipe, ce qui est très important pour moi. Mon blog est aussi une manière simple et qui me tient à cœur de m'adresser personnellement à mes lectrices. Communiquer en se connectant aux réseaux sociaux est également essentiel aujourd'hui. Mon image de marque, c'est donc mon univers mais également ma personne.

Quels conseils donneriez-vous aux entrepreneurs pour qu'ils réussissent à se placer au centre de leur activité ?
Surtout ne jamais perdre le contact et rester acteur des échanges avec sa clientèle. Se faire confiance, s'écouter. Il faut bien s'entourer et prendre en compte les conseils de son entourage.

DÉFINIR SA MISSION D'ENTREPRISE

Pourquoi avez-vous choisi d'entreprendre ? Dans quel objectif ? Pour apporter quel bénéfice à vos clients, à votre communauté, à la société ?
Au-delà de l'aspiration, légitime, à la liberté (de décision, d'organisation) que partagent les créateurs d'entreprise, et au-delà de la nécessité de gagner sa vie, le lancement d'un business obéit souvent au désir profond de partager et d'offrir quelque chose de bénéfique à sa cible : que cela soit ses compétences spécifiques, un talent unique, son expérience personnelle, une vision originale de son activité, du sens, du plaisir, un produit utile qui n'existait pas jusqu'alors, etc.
Cette motivation toute personnelle pour l'entrepreneuriat est rarement clairement exprimée par les porteurs de projet. Et pourtant, faire l'effort de cette introspection, de s'interroger sur les raisons profondes qui vous poussent à vous lancer dans l'aventure de la création d'entreprise est primordial.
Cette démarche permet en effet de clarifier la raison d'être de votre business, le message essentiel qu'à travers vos produits, votre marque bien sûr, et tous vos actes d'entrepreneur, vous souhaitez transmettre à votre audience. Car c'est bien ce message, unique, lié à votre histoire, à vos valeurs, à votre personnalité, qui vous permettra de vous différencier de vos concurrents et d'entrer en relation avec votre communauté.

LE TÉMOIGNAGE DE SABRINA GRASSO : « C'EST APRÈS AVOIR VU LE DOCUMENTAIRE *DEMAIN* QUE J'AI DÉCIDÉ DE LANCER MA MARQUE ZÉRO DÉCHET »

Créatrice de la marque d'accessoires zéro déchet Kufu
kufu.fr

© Kufu

Comment est née la marque Kufu ?

Après avoir travaillé plusieurs années comme graphiste pour des marques et des magazines, j'ai commencé à avoir des doutes sur la finalité de mon métier : pousser à la consommation de produits pas toujours très bons… J'ai eu envie de créer un business local, qui aurait plus de sens. Après une première tentative d'association à l'automne 2015, qui a tourné court, je me suis retrouvée sans projet. J'ai profité de ce temps pour faire un véritable travail d'introspection, mais aussi pour désencombrer mon appartement et me débarrasser du superflu. Au même moment, j'ai découvert le « zéro déchet », ainsi que le documentaire de Cyril Dion et Mélanie Laurent, *Demain*, qui montrait que l'addition des petites initiatives pouvait générer un impact énorme.

C'est ainsi que début 2016 a émergé l'idée d'une ligne de produits textiles destinée à remplacer le jetable, confectionnée en partie à partir de chutes de tissu récupérées auprès de créateurs locaux, associées à du coton bio tissé en France.

Depuis avril 2016, Kufu propose des emballages durables, comme les sacs à vrac, ainsi que des produits durables, comme les cotons démaquillants lavables.

Quelle est la mission de Kufu ?
Kufu est un concept japonais découvert dans l'ouvrage de Dominique Loreau *L'Art de l'essentiel*. Il signifie « faire avec les moyens du bord ». Ce que je souhaite apporter à mes clients, c'est une impulsion pour adopter un nouveau mode de consommation. De la manière la plus bienveillante et la moins culpabilisante possible, en partant du principe que chaque petit geste doit être valorisé.

Les valeurs de Kufu sont la réduction des déchets, l'artisanat, la production locale et la dimension humaine. À l'avenir, l'objectif est de développer la marque en créant des ateliers de confection locaux, qui pourront valoriser les chutes textiles des créateurs de leur territoire.

© Kufu

Créer un univers de marque cohérent

Voici la définition que donne le *Larousse* du terme « univers » : « milieu, environnement, domaine psychologique de quelqu'un ou d'un groupe. Ensemble de concepts, d'objets abstraits, considéré comme un système organisé ».
L'univers de votre marque est constitué de toutes les dimensions, abstraites et concrètes, dans lesquelles elle s'incarne et se rend visible aux clients. Vos créations et/ou vos produits, que ce soit par leurs fonctionnalités et leurs qualités esthétiques, en font évidemment partie.
Mais plus largement, le positionnement de votre offre (bon marché, grand public, haut de gamme, sur mesure, luxe, etc.), vos sources d'inspiration et influences, les cibles que vous visez (âge, sexe, lieu de vie, style de vie de votre client idéal) ou encore vos valeurs (sociales, environnementales, culturelles, voire religieuses ou politiques), viennent nourrir et soutenir cet univers.
Celui-ci a pour but de servir de fil rouge, tant pour vos clients, qui auront une image plus claire et plus facilement mémorisable de votre marque, que pour vous, afin de vous permettre de déployer votre stratégie de développement de manière cohérente, sans vous éparpiller dans des offres qui ne vous correspondent pas vraiment. Mais aussi de communiquer plus efficacement sur vos différents produits ou activités, en étant à même de démontrer leur inscription dans un cadre commun.
Être capable de décrire précisément votre univers vous aide enfin à comprendre et à accepter que votre offre, même si elle est potentiellement accessible à tous via Internet, n'est pas destinée à séduire et à convaincre la terre entière. Elle s'adresse au contraire à une clientèle ciblée et identifiée, ce qu'on appelle une « niche », qui se reconnaîtra justement dans votre univers.
Ainsi, même dans l'univers du mariage, rares sont les marques qui s'adressent à tous les couples de futurs mariés : certaines vont cibler les hommes à tendance hipster (par exemple, pour leur vendre des nœuds

papillon originaux), d'autres, les jeunes femmes qui veulent réaliser elles-mêmes, selon le mode DIY, leur tenue et/ou les décorations de table. Certaines vont viser les couples qui recherchent une cérémonie intimiste et atypique, quand d'autres enfin vont s'adresser aux couples qui veulent un grand mariage des plus traditionnels dans un château…
Bien connaître et surtout décrire efficacement à vos futurs clients votre univers leur permettra de savoir qu'ils sont au bon endroit et peuvent vous faire confiance !

Crédit photographique : Lylellana photographie – © wed in geek

LE TÉMOIGNAGE D'ARMELLE PECQUERIAUX :
« UN *CONCEPT STORE* EN LIGNE POUR LES TRIBUS CHRÉTIENNES ET MODERNES »

Cofondatrice du concept store religieux Catho Rétro
cathoretro.com

© Catho Rétro

Comment est née l'idée de ce *concept store* en ligne ?

Il répond en fait à un besoin personnel. J'ai moi-même des enfants et, quand j'ai préparé leur baptême, je n'ai pas trouvé d'objets ou d'accessoires qui correspondaient à mes attentes. Leur coin prière n'était pas aussi joli que je le souhaitais, c'est tout juste si je ne le cachais pas dans leur chambre. Je recherchais quelque chose de plus actuel et de plus accessible pour transmettre la foi à mes enfants, je ne me sentais pas capable de les éveiller seule à la religion. J'avais besoin de supports matériels pour m'y aider. Devant le manque d'offres de la sorte sur le marché, et après un pèlerinage sur les chemins de Saint-Jacques-de-Compostelle (pendant lequel je n'ai trouvé aucune carte sympa à envoyer à mes proches), j'ai décidé de lancer ce concept store.

D'où viennent son nom et son identité visuelle ?

J'ai proposé deux noms à l'équipe (nous sommes trois en tout, dont ma sœur et une amie d'enfance) : « Chrétien, nom d'un chien ! » et « Catho Rétro ».

Le premier nom de marque avait pour vocation de réveiller les esprits, comme un message, d'inclure aussi tous les chrétiens (protestants, orthodoxes). Bien que le nom Catho Rétro laisse penser que nous nous adressons plus spécifiquement aux catholiques, nous avons constaté que d'« autres chrétiens » font aussi partie de notre clientèle, ce qui nous a encouragées à élargir notre offre de produits pour les satisfaire davantage.

Le second a été retenu, car il sonnait mieux, était plus court (pour la création du logo, c'était plus simple), plus facile à retenir, plus « fun » aussi. C'est un peu comme un pied de nez à la tradition très prononcée, dans laquelle j'ai du mal à me sentir à l'aise (mais que j'admire pourtant). On peut être croyant sans pour autant être catalogué de « tradi conservateur rétrograde ».

© Catho Rétro

Je fais cependant attention à ne pas choquer, je respecte le goût des autres, et je vérifie auprès d'un ami prêtre que ce que je propose est bien en accord avec la religion chrétienne.

Lors de ma réflexion sur mon concept, je me suis amusée à rédiger une définition façon dictionnaire de Catho Rétro : « La modernité d'une apocope, "Catho", associée à un nom vintage, " Rétro". Une marque qui s'inspire des traditions chrétiennes et des tendances actuelles pour proposer des collections d'objets religieux dans l'air du temps. »

Pour le logo, nous voulions quelque chose de graphique, d'actuel, avec un effet tampon que nous pourrions appliquer facilement sur nos packagings. On l'y retrouve en version inversée (écriture et cadre noir sur fond vide). Il nous permet de signer des collaborations avec des créateurs français sur des produits que nous proposons en exclusivité.

FOCUS : LE CO-BRANDING : S'UNIR POUR ÊTRE PLUS FORT

Le co-branding consiste, pour deux marques, à s'unir ponctuellement ou plus durablement pour proposer un produit ou un service en leurs deux noms. On connaît quelques collaborations célèbres, comme les collections capsules que l'on trouve régulièrement chez le géant suédois de la mode H&M, résultats de ses partenariats avec les plus grands créateurs.

Les marques plus confidentielles, dont les univers sont proches, ont également tout intérêt à unir leurs forces, à sortir du lot et à développer leur notoriété auprès de leurs communautés respectives en proposant des produits co-brandés. Catho Rétro (voir témoignage ci-dessus) propose ainsi dans ses rayons des produits exclusifs, imaginés avec des créateurs français appréciés par leur cible : Poudre Organic, Pöm le bonhomme, Margote Céramiste, Le papier fait de la résistance...

Pöm le bonhomme & Catho Rétro

Trouver son nom de marque

Vous vous en doutez : trouver son nom est, dans le processus de création de sa marque, une étape essentielle, excitante et parfois redoutée. Si les étapes précédentes (définir sa mission d'entreprise et son univers) ont été soignées, il y a de grandes chances que la suivante, celle du *naming*, en soit facilitée. Pour autant, chaque recherche de nom est une aventure unique : quand certains entrepreneurs mettent plusieurs semaines à arrêter leur choix, multiplient les *brainstormings*, hésitent... d'autres décident de leur nom dans un éclair de « génie », suivant une intuition qui s'impose à eux comme une évidence.

Quel que soit le chemin suivi, s'assurer de trouver le « bon » nom pour son business est essentiel. En effet, c'est le nom ou l'expression qui, durant de longues années, va s'afficher sur votre devanture, votre bannière de site, vos cartes de visite, votre page Facebook. C'est aussi lui que vous allez prononcer en premier lorsqu'on vous questionnera sur votre activité professionnelle.

Votre nom, accompagné de votre logo et de votre identité visuelle, doit incarner et exprimer votre identité de marque et votre mission d'entreprise. Il doit vous différencier de vos concurrents et vous rendre inoubliable. Pas question, donc, d'en rougir ou de ne pas oser l'affirmer haut et clair. Vous devez pouvoir en être fier, être à même d'expliquer votre choix et de raconter l'histoire de votre marque.

Il n'existe évidemment pas de recette miracle à appliquer pour être sûr de trouver le « bon » nom. L'essentiel est toutefois de procéder avec un peu de méthode et surtout de connaître les principales erreurs à éviter.

UN PEU DE MÉTHODE...

Pas de secret : le cerveau (voire les cerveaux, si vous créez à plusieurs ou si vous décidez de vous entourer pour cette étape) va devoir chauffer. Il ne faut pas hésiter à prévoir plusieurs heures pour cet exercice, afin d'arriver à une liste de plusieurs dizaines de noms.

Pour *brainstormer* efficacement, une solution efficace consiste à prévoir deux colonnes sur sa feuille de notes : l'une pour inscrire les mots-clés, concepts, valeurs, produits, services, bénéfices clients, etc., associés à votre marque, mais aussi des noms qui vous inspirent ; l'autre, pour les idées de noms qui émergent. À ce stade, il ne faut pas se limiter, et au contraire laisser libre cours à son imagination, aux associations d'idées, de sonorités...

Étape suivante : faire un premier tri et vérifier par une recherche Google que les idées sélectionnées ne sont ni déjà utilisées ni trop proches de noms existants, notamment ceux de vos concurrents. Puis tester les noms retenus auprès de votre entourage, de votre communauté, en privilégiant les personnes proches de sa cible. Il peut notamment être utile de « laisser reposer » et de leur demander, quelque temps plus tard, les noms qu'ils ont retenus, afin de mesurer leur pouvoir de mémorisation.

Lorsque la *short-list* ultime est arrêtée, il vous restera à effectuer une vérification approfondie de la disponibilité des noms sélectionnés (voir le chapitre IV) et des URL correspondantes. Cette dernière étape vous permettra enfin d'élire le nom de votre marque et d'entamer les démarches pour déposer votre marque et réserver votre nom de domaine.

LE TÉMOIGNAGE DE CAROLINE CHAUVEAU ET AURORE BELLENGER : « NOUS AVONS REMPLI DES DIZAINES DE PAGES DE NOMS AVANT DE NOUS DÉCIDER »

Fondatrices de la marque de livres d'or personnalisés Michelle Mauricette
michellemauricette.fr

Votre volonté est de dépoussiérer le livre d'or, quelle est la genèse de votre concept de livres d'or personnalisés ?

Nous sommes deux directrices artistiques passionnées par notre métier et, un jour, nous nous sommes dit : pourquoi ne pas travailler ensemble sur un projet nouveau ? À ce moment-là, Caroline venait de réaliser un livre d'or pour le mariage de sa cousine. Elle avait souhaité lui offrir un bel objet, fait maison et qui lui ressemble. L'idée de base est là.

© Michelle Mauricette

Nous avons vite compris que le livre d'or classique, avec ses froufrous et ses dorures, était un produit à réinventer et que nous pouvions vraiment nous amuser graphiquement ! Nous avons alors créé de belles couvertures modernes à personnaliser et surtout nous avons imaginé, pour les pages intérieures, un choix de questions classiques ou décalées auxquelles les invités prendraient plaisir à répondre : fini les pannes d'inspiration !

Pourquoi et comment avez-vous trouvé votre nom ?
Nous avons rempli des dizaines de pages de noms en jetant sur le papier tout ce qui nous passait par la tête, en rapport ou non avec notre activité. Nous cherchions dans plusieurs directions à la fois : des noms qui correspondaient à notre activité, d'autres qui correspondaient à notre état d'esprit, notre champ de recherche était assez vaste.

L'une de nos pistes était composée de prénoms, nous les choisissions selon certains critères (des prénoms féminins par exemple, cela nous plaisait bien puisque nous sommes deux filles) et au coup de cœur. Ces deux prénoms associés, Michelle et Mauricette, nous ont fait rire. Michelle est le prénom de la maman d'Aurore et Mauricette celui de sa cousine. Ils avaient été proposés comme ça, comme une idée en l'air parmi tant d'autres. Nous n'arrivions pas à nous décider à les enlever de notre liste, tous les jours plus courte, jusqu'à ce que ce nom s'impose de lui-même. Nous avons réfléchi à chaque nom que nous avions proposé, avec un peu de recul, nous avons pris du temps et choisi celui qui nous correspondait le plus, celui que nous aimerions le plus au quotidien.

Notre métier, s'il ne transparaît pas dans notre nom, est bien présent dans la *baseline* « livre d'or personnalisé ». Nous aimons le côté *made in France* et l'idée que l'une peut être Michelle et l'autre Mauricette – on nous pose d'ailleurs souvent la question !

© Michelle Mauricette

LES ERREURS À NE PAS COMMETTRE

Si vous vendez des créations artisanales, évitez tous les noms comprenant les termes « ma petite », « mon petit », « *little* », « *my little* », « l'atelier de », « la fabrique », « les créations de », « et compagnie »... Non pas parce qu'ils sont « mauvais » mais bien parce qu'ils ont déjà été utilisés par un trop grand nombre de créatrices et de créateurs (il suffit de faire un tour sur les plateformes de vente pour créateurs pour s'en rendre compte). Il n'y a donc plus aucune originalité dans ces noms de marque.
De même, évitez les noms qui n'inspirent pas confiance, du type : « les bidouilles de », « les petites créas », « les trucs et bidules de » et autres noms peu valorisants, qui ne vous aideront en rien à professionnaliser votre activité ou à être pris au sérieux par vos futurs clients.
Attention aux jeux de mots : si certains peuvent être fins, voire drôles, d'autres à l'inverse peuvent être perçus comme niais, grossiers, voire n'être pas compris du tout.
Soyez également prudents avec les noms trop communs ou qui désignent un objet de la vie quotidienne (par exemple « Jolie fleur », « Beau soleil » ou encore « Petite école ») : vous devrez effectuer un important travail de référencement naturel pour ressortir parmi les premiers résultats quand vos clients taperont le nom de votre marque dans leur moteur de recherche favori.
Vérifiez attentivement la disponibilité du nom que vous choisissez (voir le chapitre IV) : créatrice en graphisme et auteure du blog Encre Violette, et connue de longue date sous ce nom, Emma Ducher n'a jamais pu déposer ce nom comme marque lorsqu'elle a commencé à vendre ses créations. Celui-ci était en effet exploité par une maison d'édition. Elle a finalement choisi d'utiliser (et de déposer) son nom comme marque, mais cela nécessite aujourd'hui un important travail de communication et de pédagogie pour « installer » ce nouveau nom auprès de sa clientèle.

BON À SAVOIR : CRÉATEUR OU PRESTATAIRE DE SERVICES, UTILISEZ VOTRE NOM COMME NOM DE MARQUE

Si vous êtes créateur, graphiste, illustrateur, photographe, coach ou encore *wedding planner*, la renommée de votre entreprise repose sur votre expertise, votre façon d'être et votre personnalité de fondateur. Si chaque entrepreneur est bien unique, il existe des business qui pourront « tourner » sans vous, que vous pourrez revendre, c'est le cas d'une mercerie, d'un food-truck, d'un site marchand d'accessoires déco par exemple. Mais si votre entreprise repose bel et bien sur votre personnalité en tant que référence en la matière, alors il peut être opportun de choisir comme nom de marque votre propre nom tout simplement.

Dans ces cas-là, il s'agit plutôt d'avoir une démarche de « *personal branding* ». C'est-à-dire de mettre en œuvre, pour sa propre personne, les outils et démarche de communication propres aux marques commerciales. L'objectif étant, là aussi, d'assurer votre visibilité, votre notoriété et votre « image de marque » en tant qu'expert de votre domaine.

Ainsi on trouve sur le Web, de nombreux sites nommés d'après leurs créateurs/fondateurs. En voici quelques exemples :

justinebriatte.com (graphiste)

dianeballonadrolland.com (coach, auteur, formatrice)

ishtarolivera.com (designeuse papier)

nessabuonomo.com (styliste, blogueuse et auteur)

LE TÉMOIGNAGE DE JOANNA C : « COMME JE SUIS POLONAISE, J'AI CHERCHÉ DU CÔTÉ DE MA LANGUE NATALE »

Créatrice des créations textiles FikOu MiKou

fikoumikou.bigcartel.com

Quelle est l'origine du nom FikOu MiKou et que signifie-t-il ?

J'ai commencé à partager mes créations personnelles et ma passion pour la couture via un blog. Mais rien que pour le blog, il me fallait un nom. Je voulais trouver un nom unique, qui ne soit pas déjà pris, ni trop connoté « couture » (du type « les créations de », « les cousettes de... »). Je souhaitais que ce nom soit personnel et original. Comme je suis polonaise, j'ai cherché du côté de ma langue natale. J'ai pris le temps de la réflexion. J'ai pensé à une expression qui qualifie les enfants qui font les foufous : « *fiku miku* », dont j'ai francisé l'orthographe, « fikou mikou », le « u » se prononçant « ou » en polonais.

J'avais peur que ça ne « parle » pas à ma cible, alors je l'ai testé autour de moi. Comme j'ai très vite été confortée dans ce que je faisais (le retour sur mes réalisations étant plutôt positif), et suite aux demandes de mes lectrices, j'ai ouvert ma boutique en ligne, véritable vitrine des produits que je proposais et que je pouvais personnaliser. Dans la foulée, et sur les conseils d'un avocat, j'ai déposé le nom à l'Inpi ainsi que les noms de domaine en .com et .fr. C'est

© FikOu MiKou

un budget quand on se lance, mais c'est un point à ne pas négliger ! Les clientes me demandent souvent ce que le nom fikOu miKou signifie, cela interpelle, elles veulent connaître son histoire…

© FikOu MiKou

LE RÔLE DE LA BASELINE

« *Just do it* », « le fromage des gastronomes en culotte courte », « la mode à petit prix » : ces slogans vous disent quelque chose ? Vous avez trouvé sans difficulté les marques auxquelles ils étaient associés ? (Réponses : respectivement Nike, Kiri et Kiabi.)

Une *baseline* est un slogan (mais plus durable qu'un simple slogan publicitaire), un bout de phrase ou encore une suite de mots-clés ou de hashtags qui accompagne généralement et complète un nom de marque. Elle fait souvent partie intégrante du logo. Elle reflète le positionnement marketing de la marque et doit permettre au visiteur ou client de comprendre en une fraction de seconde l'offre que propose la marque.

Elle s'avère fort utile quand le nom de marque est un nom inventé ou qui n'évoque pas d'emblée le produit ou service offert. Ainsi, Newake (voir le témoignage d'Amandine Orriols ci-après) a choisi d'ajouter à son nom de marque la *baseline* « le *beforework bien-être et business* ».

Faire évoluer son nom de marque

Dans l'idéal, un nom de marque bien choisi est fait pour durer. Il doit même pouvoir accompagner vos éventuels changements d'activité, à l'instar de la marque Poussière des rues.

Sa fondatrice, Céline Favre, l'avait choisi pour vendre ses créations de bijoux. Alors qu'elle s'apprêtait à lancer une ligne de papeterie et de kits créatifs en papier, au printemps 2016, elle a décidé de conserver ce nom, qui était connu et lui « collait à la peau » (voir plus loin, les paragraphes consacrés au *storytelling*). Aujourd'hui, son activité a encore un peu évolué : elle a développé une gamme d'accessoires textiles sérigraphiés, toujours sous le même nom.

Malgré tout, il arrive qu'un entrepreneur soit obligé de faire évoluer son nom de marque en cours d'activité. Les raisons en sont souvent juridiques (votre dépôt de marque fait l'objet d'une opposition légitime : voir le chapitre IV), mais elles peuvent aussi relever d'un choix de départ qui s'avère finalement inapproprié.

Les trois témoignages qui suivent vous montrent que cela n'est pas une mission impossible, mais demande de la conviction et de la méthode.

LE TÉMOIGNAGE D'AMANDINE ORRIOLS : « NOUS AVONS CHOISI NOTRE PREMIER NOM EN URGENCE, EN ATTENDANT DE TROUVER MIEUX »

Cofondatrice/CEO de l'entreprise Newake, créateur d'événements beforework pour femmes actives et entreprises (anciennement I am up)

newake.fr

Pourquoi avoir changé de nom et d'identité visuelle si rapidement ?

Notre nom et notre identité visuelle initiaux avaient été construits rapidement, alors que nous avions l'opportunité de partir aux États-Unis dans le cadre

© Newake

d'une délégation French Tech de la métropole de Montpellier. Le contexte : une douzaine d'entrepreneurs montpelliérains en déplacement à Austin et New York en octobre 2015 pour nouer de potentiels partenariats avec l'écosystème sur place, « *pitcher* » (jargon pour dire présenter son projet) à un public d'investisseurs et bien sûr comprendre les spécificités du marché américain. À l'annonce de notre présélection (avec une activité alors en lancement !), nous nous sommes dépêchées de construire une identité qui tienne la route : nom, semblant de logo, cartes de visite, réseaux sociaux et site internet.

Nous avons donc mis à contribution famille et amis pour trouver un nom qui soit à la hauteur de nos ambitions. Après des journées et soirées de brainstorming… naît le nom « I am up ». La philosophie du « *start before you are ready* » en vogue au sein des start-up nous a encouragées à foncer. Dans une démarche de « produit minimum » pour tester le marché (et d'urgence) nous avons tout fait nous-mêmes, dont le logo (merci Powerpoint). Cela a fait l'affaire pour le séjour aux États-Unis, le message passait bien mais nous n'en étions toujours pas convaincues à 100 %.

Une fois rentrées en France, nous avons continué à utiliser ce nom et cette identité tout en cherchant un nom qui résonnait mieux en nous. Au-delà du manque d'affinité avec le nom, nous nous sommes également heurtées aux problématiques de dépôt de marque. Il ne suffit pas qu'un nom soit joli, il faut aussi qu'il soit déposable. Dans notre cas, il ne l'était pas complètement : l'Inpi ne regarde pas uniquement l'écriture et les classes (secteurs d'activité) mais aussi les similitudes au niveau de la prononciation. Pour nous, il pouvait y avoir des difficultés sur ce dernier point. Donc nous avons changé rapidement avant que cela n'ait trop d'impact, avant que ne soient publiés trop d'articles à notre sujet et trop de références avec l'ancien nom.

Qu'attendez-vous de ce changement de nom ?
Que notre nouveau nom évoque notre concept, qu'il soit plus parlant et donc facilement mémorisable et identifiable par tous. Nous attendons aussi que notre nouvelle identité soit complètement le reflet de ce que nous offrons comme services, qu'elle transmette l'ambiance et l'atmosphère que nous créons sur nos événements ainsi que les valeurs qui fondent notre business. Grâce à ce changement, nous allons enfin pouvoir nous développer, communiquer, chose que l'on freinait avec l'ancien nom qui n'était pas « brandé ». C'est en quelque sorte un renouveau, une marche au-dessus, sur laquelle nous allons nous appuyer pour faire rayonner Newake.

Comment avez-vous procédé pour obtenir le résultat souhaité ?
Étant donné qu'aucune des cofondatrices n'a un profil de graphiste, nous avons contacté une designer qu'une amie nous avait recommandée. Nous lui avons fait part de nos attentes, ce que nous aimions ou n'aimions pas (*brief* créatif, inspiration, univers de marque). En lui donnant le maximum de détails afin qu'elle puisse le comprendre, se l'approprier et créer. Après plusieurs tâtonnements, nous avons validé le résultat final. La difficulté résulte dans la retranscription exacte de ce que nous projetons et imaginons dans nos têtes respectives. Difficile mais possible avec une designer à l'écoute. Nous avons fait le choix d'investir sur ce volet et ainsi d'avoir une image professionnelle dont nous sommes fières à la fois aujourd'hui et pour les années à venir.

LE TÉMOIGNAGE D'ANTOINE LE CONTE : « NOUS VOULIONS UNE MARQUE QUI NE NOUS ENFERME PAS, QUI NOUS PERMETTE DE GRANDIR »

Cofondateur de la marque Cheerz, impression de photos sur divers supports
cheerz.com

Cheerz s'appelait avant Printklub, pourquoi avoir changé de nom de marque ?
Nous avons lancé Printklub en 2012 sans nous poser de questions. Nous constations que la photo devenait plus qu'un objet, elle devenait sociale, se partageait sur les réseaux… Ce nom avait cependant une limite : celle de nous enfermer dans le domaine du *print*. Or, nous ne voulions pas être cantonnés à un simple service d'impression. Nous avons alors lancé la Polabox qui a connu un franc succès, et son nom a vite remplacé celui de Printklub. Mais encore une fois, ce nom nous enfermait dans un univers trop féminin, trop jeune, trop *print*. Or nous voulions un nom moins réducteur, un nom qui nous permette de grandir et d'évoluer avec une marque correspondant à notre philosophie.

© Cheerz

Pourquoi le choix du mot Cheerz ?

Cette prise de conscience est venue tardivement, en 2015. Forts de notre expérience et de la connaissance de notre communauté grandissante, nous avons voulu repenser notre nom de marque. Mais seuls, c'était presque mission impossible. C'est pourquoi nous avons fait appel à une agence de *naming* (nomen.fr). Elle nous a soumis beaucoup de propositions avec comme objectif de trouver le nom qui nous permette d'embrasser l'ensemble de ce que nous avions déjà fait (Printklub + Polabox) et de devenir plus global dans l'univers de la photo et du souvenir. Cheerz est un mot simple et universel et qui a du potentiel. Il évoque le sourire et la photo, sans nous cantonner au monde de l'impression. Il nous permet de conduire une vraie stratégie de marque qualitative, qui nous différencie des autres acteurs du marché qui se positionnent sur des prix bas.

Comment décrivez-vous votre univers de marque ?

Cheerz, c'est avant tout une vision. On veut démontrer qu'on peut être très performant tout en s'amusant. Qu'on peut être une entreprise où les gens sont heureux de venir travailler, où l'on s'amuse, tout en gardant une excellente capacité d'exécution. La mission de Cheerz, c'est de faire (sou)rire les gens. Aussi bien en interne (notre équipe) qu'en externe (nos clients). Nous nous efforçons pour cela d'être les plus authentiques possible, de toujours rester fidèles à nos valeurs et à nos idéaux. Nos trois valeurs sont la simplicité, la créativité et le *smile*. Nous apportons beaucoup d'importance à la satisfaction de notre clientèle et cela passe chez nous par deux axes : une expérience ultrasimple sur notre site et notre application pour matérialiser ses souvenirs (c'est-à-dire commander ses photos imprimées) associée à des produits jolis et innovants d'une qualité irréprochable.

Quelle expérience voulez-vous faire vivre à vos clients à travers votre marque ?

C'est quoi la photo aujourd'hui ? La photo, ce n'est plus simplement un souvenir, c'est devenu un outil de conversation. Aujourd'hui, on sort son Smartphone pour montrer ce qu'on a capturé, pour échanger avec sa communauté. Toutes ces images comptent, et pas seulement les photos de personnes ou de paysages, mais les moments du quotidien également. Nos clients vivent des histoires et créent des souvenirs avec leurs mobiles... Nous voulons les aider dans l'accompagnement de leur histoire. Nous voulons les accompagner dans le temps, qu'ils sourient avec nous, qu'ils partagent notre vision de la vie et de la photo !

LE TÉMOIGNAGE DE LYVIA CAIRO : « JE N'ÉTAIS PLUS EN PHASE AVEC MON PREMIER NOM DE MARQUE »

Fondatrice de Lyvia Débloque, auteure et conférencière

lyviadebloque.com

Jemecasse est récemment devenu Lyvia Débloque : quelles sont les raisons de ce changement de nom ?

Au départ, le nom Jemecasse était venu comme une fulgurance. J'étais au téléphone avec mon meilleur ami, et je me plaignais de mon travail, comme souvent à cette époque ! Au terme de la conversation, je lui ai dit : « Tu sais quoi, je vais créer un blog qui s'appelle Jemecasse.fr. Il m'aidera à me casser, et avec un peu de chance, je pourrai embarquer des gens avec moi. » J'étais encore salariée, je n'avais aucune idée de ce que j'allais faire, donc je ne le voyais pas comme une activité, encore moins avec des prestations. Tout cela n'est venu que bien plus tard, un an après la création du blog environ. C'était davantage un terrain d'expérimentation avant de devenir le cœur de mon activité.

J'ai exercé sous ce nom, que j'avais déposé, de juillet 2013 à septembre 2016. Cependant, dès novembre 2015, j'ai su que quelque chose n'était pas en phase. Il y avait un peu cette notion d'urgence, de véhémence avec Jemecasse. Je ne me sentais plus dans cette énergie. Pourtant Jemecasse était une marque qui, telle quelle, fonctionnait très bien. Mon programme phare était demandé. Mais j'ai décidé au printemps 2016 de l'arrêter, pour créer un nouveau programme destiné aux personnes qui se lançaient dans une nouvelle activité.

À cette période, je me suis fait accompagner par Céline Boura, dont le métier est d'aider les entrepreneurs à aligner leur activité, leur identité de marque, avec leur âme. J'avais conscience que le changement que je recherchais était à l'intérieur. En travaillant avec elle, j'ai appris davantage à écouter à l'intérieur, à lâcher prise, à laisser venir et à laisser faire.

Il n'est pas du tout facile de faire évoluer sa marque quand on a un business qui fonctionne bien. On doit renoncer à beaucoup, c'est comme sauter dans le vide.

Pourquoi ce choix de Lyvia Débloque ?
De nouveau une fulgurance ! J'étais en conversation avec mon équipe (j'ai deux assistantes) pour réfléchir aux nouvelles offres que je voulais lancer à la rentrée. En essayant de mettre des mots sur ce que je voulais changer chez mes clients, les aider à mettre en place. Corinne, mon assistante, m'a dit : « Tu débloques les gens, tu m'as débloquée, tu m'as permis de faire des choses que je n'aurais jamais osées. » En plaisantant, on se dit qu'on « pourrait appeler le site Lyvia Débloque ». Puis, très vite, on a cessé de plaisanter. De façon très étrange, cela semblait faire sens, aller de soi. J'ai alors choisi de tester la marque : j'ai commencé par réécrire ma page de présentation. Tout était simple et fluide. On a décidé de foncer.

Crédit photographique : Miguel Charles – © Lyvia Débloque

Quelles réactions et retombées ont accueilli ce changement de marque ?
C'est passé comme une lettre à la poste auprès de ma communauté. Ses membres avaient suivi mon cheminement et mon questionnement depuis des mois, j'étais très transparente. Du coup, il a été perçu comme une évidence.

En ce qui me concerne, ce nouveau nom m'a ouvert de nombreuses portes, de nouvelles possibilités. Je n'ai plus à me contorsionner. Je peux simplement être moi, qui débloque ! Avec tous les aspects de ma personnalité.

Une marque, c'est une identité. Si l'on s'y sent à l'étroit, alors on se ferme des possibilités. Avoir une marque totalement en phase avec ce qu'on est permet d'être dans le *flow*. Les messages sont simples et faciles. Plutôt que d'être clinquante ou attirante, notre marque doit représenter qui on est. C'est ainsi qu'on aura le plus d'impact.

Raconter et faire vivre sa marque

Si le choix du nom de sa marque est une étape cruciale, ce n'est qu'un des éléments qui composent une marque. On l'a vu, la création d'une marque va bien au-delà du choix d'un nom. Une marque reflète un univers et un positionnement, possède des valeurs, se nourrit de l'histoire de son fondateur, et résonne avec celle de ses clients.
Faire vivre sa marque au quotidien et lui donner toute l'ampleur qu'elle mérite, c'est prendre la parole en son nom, mettre des mots sur ce qui la fonde et la distingue, communiquer non seulement sur ses produits, mais sur son identité de marque.

EXPLIQUER SON NOM

Une première manière, évidente et simple, de raconter sa marque consiste tout simplement à expliquer la genèse de son nom. Si un client, un passant, un ami, une connaissance vous demande : « Mais que veut dire ce nom ? D'où vient-il ? », c'est bon signe ! Votre nom interpelle, étonne, fait s'interroger votre interlocuteur. C'est un premier pas de lui vers vous. C'est là où commence votre tout premier échange avec votre futur client. Il est là et s'intéresse à vous. C'est donc le moment de tout lui dire, de lui raconter votre histoire, celle de votre marque, du choix de son nom. De ce qu'il signifie dans l'absolu mais aussi pour vous. À l'inverse, on comprend qu'avec un nom « bateau », il n'y a pas grand-chose à raconter...

LE TÉMOIGNAGE DE JULIE GARNIER :
« *BREIZH GWER SIGNIFIE LITTÉRALEMENT BRETAGNE VERTE* »

Créatrice du blog Friendly Beauty et du site Breizh gwer, annuaire vert et breton
breizhgwer.fr

© Breizh

En quoi consiste l'annuaire Breizh gwer et que signifie son nom ?

À titre personnel, je me sens particulièrement concernée par les problématiques éthiques et écologiques contemporaines. J'ai une alimentation – essentiellement – végétale et bio, je n'utilise pas de produits toxiques (ménagers, cosmétiques…), j'opte pour le fait-maison autant que faire se peut et je privilégie les produits locaux, artisanaux et les producteurs de proximité. Comme le colibri de la légende amérindienne, je « fais ma part » et, depuis quelques mois, j'avais vraiment à cœur de donner un coup de pouce aux personnes qui souhaitent faire la leur.

Ainsi est né Breizh gwer (littéralement « Bretagne verte »). Plus qu'un simple annuaire vert et breton, ce site internet aura pour but de fédérer une véritable communauté d'acteurs et de consommateurs de l'Ouest, sensibles aux problématiques environnementales contemporaines. Créer du lien, de l'échange, partager, dans le but de mieux vivre et mieux consommer : telle est l'essence de ce projet. On y trouvera notamment des bonnes adresses (restaurants *veggie friendly*, magasins de producteurs locaux et de circuit court, hébergements écoresponsables et autres lieux de « consommation » intégrés dans une dimension écologique) ainsi que des portraits de producteurs et créateurs locaux dont le travail, quel qu'il soit, est respectueux de la Planète. Il n'y a vraiment aucune limite de domaines : brasseurs, cultivateurs de plantes aromatiques, savonniers, maraîchers…

Comment ce nom a-t-il été choisi et que représente-t-il ?

Le choix s'est révélé assez simple. Je suis bretonne de sang et de cœur, j'aime énormément ma région et la mettre en avant dans ce projet sous un angle engagé et écologique m'a tout de suite emballée. Bretagne verte me plaisait bien. Puis je me suis finalement décidée à aller jusqu'au bout de la démarche en le traduisant en breton. Après quelques recherches, je me suis arrêtée sur Breizh gwer en me rendant compte quelques semaines plus tard qu'il aurait été plus opportun d'opter pour Breizh glas (les deux veulent dire « vert(e) » mais gwer correspond davantage aux choses tandis que glas est plus approprié pour les couleurs de la nature).

Passé cette petite déception, j'ai pris les choses avec philosophie en me disant que cela ne changeait en rien le cœur de mon projet ni mes motivations pour en faire quelque chose de beau et de bienveillant. Et puis comme me l'a fait très justement remarquer quelqu'un, cette « erreur » de vocable reflète finalement une valeur primordiale à mes yeux : l'important n'est pas d'être parfait mais de faire de son mieux.

VENDRE PLUS QUE DES PRODUITS : CRÉER UNE EXPÉRIENCE DE MARQUE

Connectés, éduqués, parfaitement au fait des recettes marketing, infidèles, les consommateurs actuels ne se contentent plus d'un nom, aussi prestigieux soit-il, pour se laisser convaincre. Lorsqu'ils décident de faire confiance à une marque, ce n'est pas seulement pour la qualité de ses produits ou pour son image, mais aussi pour son message, pour ses valeurs, pour son univers et pour la qualité de l'expérience utilisateur qu'elle propose.

Il est évidemment plus aisé de faire vivre une expérience inoubliable dans un lieu physique, dont l'aménagement et la décoration auront été pensés pour répondre à votre identité visuelle, et où l'accueil du public se fera en accord avec les valeurs qui fondent la marque.

Cependant, l'expérience client se vit aussi *online*. À travers les différents outils que le Web met à votre disposition, vous pouvez, là aussi, créer votre « monde » virtuel, cohérent et séduisant.

Les réseaux sociaux étant très visuels, notamment Instagram, Pinterest ou encore Snapchat, vous pourrez facilement partager des ambiances, des mises en scène, des vidéos qui inciteront vos clients à visiter votre univers et à développer petit à petit une relation de confiance, voire d'affection, avec votre marque.

Comme les réseaux sociaux, votre blog ou encore votre newsletter vous permettront de nouer avec votre communauté des contacts plus personnels et plus chaleureux, qui ajouteront une dimension humaine à votre site. L'acte de vente est alors relayé dans une seconde étape : il n'est plus la motivation première mais la conséquence naturelle d'une relation de confiance instaurée entre la marque et son public.

LE TÉMOIGNAGE DE MARJORIE NGUYEN : « EXPLORATOLOGY, C'EST UN PEU UNE BONNE COPINE QUI VOUS ENVERRAIT CHAQUE MOIS SES TRÉSORS LITTÉRAIRES »

Fondatrice de la marque Exploratology, qui propose des abonnements littéraires
exploratology.com

Que trouve-t-on chez Exploratology ?

Exploratology, ce sont des abonnements qui permettent de recevoir tous les mois des livres coups de cœur avec du thé et des petites surprises, dans de jolis paquets faits main. C'est un peu comme une bonne copine qui vous enverrait chaque mois ses petits trésors littéraires avec des gourmandises, pour que vous puissiez passer un moment cosy de lecture. Le concept a beaucoup évolué depuis les débuts du site : il y a des offres que j'ai arrêtées en cours de route, et d'autres qui évoluent constamment en termes de contenu, de packaging, de process. Chaque évolution tente de répondre toujours mieux aux attentes des abonnés, mais aussi à rendre leur expérience client, depuis la commande jusqu'à la réception des abonnements, toujours plus sympa et plus fluide.

© Exploratology

Que signifie ce nom de marque ?
Au moment de choisir un nom, j'ai fait un brainstorming autour des valeurs de l'entreprise que je voulais véhiculer. J'aimais bien notamment l'idée d'exploration, puisque les abonnés sont invités à explorer des chemins de lecture qu'ils n'auraient pas forcément empruntés seuls, à découvrir des livres d'horizons variés... À partir du mot « exploration », j'ai donc eu l'idée du nom « Exploratology ». J'aimais bien le rythme de ce nom également.

© Exploratology

Quelle expérience souhaitez-vous faire vivre à vos clients et quelles valeurs désirez-vous véhiculer ?
J'essaie surtout de transmettre la joie de la surprise et d'une découverte littéraire, ce frisson quand on plonge dans l'inconnu. C'est quelque chose en tant que lectrice que j'aime infiniment, et si je peux créer cette expérience chez mes abonnés, c'est un vrai bonheur ! Les abonnements sont également

conçus comme s'ils étaient le cadeau d'une amie attentionnée : cela passe notamment par le packaging, auquel je suis attentive dans les moindres détails. Mais aussi par une lettre dans laquelle je partage mon ressenti à propos des livres et produits envoyés, et que j'écris comme si je m'adressais véritablement à un proche (d'ailleurs, quand je rédige ces lettres, je pense toujours à quelques abonnées avec qui je suis devenue amie !).

Les valeurs que j'essaie de transmettre sont :
- une exigence de qualité sans être élitiste ;
- de la transparence au niveau du fonctionnement de la boutique : j'ai publié plusieurs articles sur la détermination des prix, le choix des produits, etc. ;
- et surtout de la proximité et de la chaleur humaine (ce qui n'est pas forcément évident quand on travaille uniquement sur Internet !).

Cela signifie que je raconte parfois un peu ma vie sur le blog ou les réseaux sociaux, mais je crois que c'est important de partager avec les clients son quotidien d'entrepreneur et ses interrogations !

CONTER SA MARQUE GRÂCE AU STORYTELLING

Faire vivre à votre client une expérience inoubliable demande de l'imagination, de l'originalité et des contenus percutants. Cela requiert donc un peu de pratique et de dextérité, car parler de soi et de son travail n'est pas toujours chose facile. Le *storytelling* (de l'anglais « raconter une histoire ») est un outil et un style de communication particulièrement adapté aux small business.
Il consiste à utiliser les techniques de la narration dans différentes situations de communication. Lors de présentation d'un produit, sur un packaging, sur un marché, toutes les occasions sont bonnes pour raconter une histoire, votre histoire !
Vous connaissez sans doute la marque de biscuits Michel & Augustin. Ses fondateurs sont un peu les champions du *storytelling* : ils adorent

raconter comment ils ont cuisiné leurs premiers cookies dans leur cuisine, se sont baptisés les « trublions du goût », font travailler leurs équipes au sein de bananeraies, vendent des « vaches » plutôt que des yaourts (et se déguisent d'ailleurs en vaches pour en faire la promotion), leurs recrutements se font (soi-disant) à la criée dans le métro et leurs emballages sont recouverts de petites histoires et mentions rigolotes que l'on prend un vrai plaisir à lire de A à Z. Rien de tel pour sortir du lot, faire parler de soi et rester dans les mémoires.

En vous basant sur une histoire vraie (la vôtre), vous aurez bien plus de chances de capter l'attention de vos lecteurs/visiteurs qu'en leur vantant pourquoi et combien vos produits/services sont les meilleurs. Ils ne croient plus à la publicité façon réclame servie à longueur de journée, mais ils aiment encore les histoires, surtout quand elles sont authentiques. Toutes les histoires sont intéressantes et valent le coup d'être connues, et elles sont d'autant plus captivantes quand le ton et les formes sont mis.

Votre histoire peut s'appuyer sur la genèse de votre idée d'entreprendre, sur votre mission d'entreprise (voir en début de chapitre), sur la sélection de vos fournisseurs et de vos matières premières, sur votre savoir-faire et votre expérience, sur la manière dont vous avez aidé un client à se sortir d'un mauvais pas. Les angles sont multiples. Relisez les témoignages des entrepreneurs qui s'expriment dans cet ouvrage : ils sont autant d'exemples d'histoires à raconter !

LE TÉMOIGNAGE DE CÉLINE FAVRE : « MON NOM ET MON UNIVERS DE MARQUE SONT DIRECTEMENT LIÉS À MON EXPÉRIENCE D'ÉDUCATRICE DE RUE »

Créatrice de la marque de kits créatifs, papeterie et accessoires sérigraphiés Poussière des Rues
poussieredesrues.fr

Quelle est l'histoire et la mission de la marque Poussière des rues ?

Diplômée des Beaux-Arts de Lyon, j'ai toujours eu un pied dans l'art ainsi qu'un besoin de transmission et de contact. Devenue éducatrice spécialisée dans la protection de l'enfance, j'ai animé des ateliers créatifs parents-enfants. Le médium artistique est un bon support éducatif pour encourager le goût de faire différemment, et la création à quatre mains permet de reconstruire la relation autrement.

© Poussière des Rues

J'ai décidé ensuite de me lancer à temps plein dans la création de bijoux, par volonté d'être autonome. Mais je me suis rendu compte, au fur et à mesure, qu'il me manquait la dimension de la transmission. D'où l'évolution de la marque avec le développement d'ateliers puis de kits artisanaux.

Mon nom, Poussière des rues, est directement lié à cette histoire. Mon travail d'éducatrice se déroulait dans la rue, au contact de beaucoup de populations différentes, au gré des échanges. Ces rencontres me fournissaient mes inspirations. La poussière évoque quant à elle ce qui est léger, ce qui vole, ce qui change.

L'univers de Poussière des Rues, c'est la conviction que la création peut être accessible à tous, qu'elle permet d'avoir un accessoire unique et que ça vaut le coup de prendre le temps de faire quelque chose soi-même.

© Poussière des Rues

LE TÉMOIGNAGE DE CLÉMENCE LAUBRY-NICOLAŸ : « AVEC LOUVE, LES CRÉATEURS FRANÇAIS ONT LEUR MEUTE ! »

Fondatrice de la plateforme Louve créateurs
louve-createurs.fr

LOUVE
• MEUTE DE CRÉATEURS •

© Louve

Qu'est-ce que Louve et pourquoi ce nom ?

Louve, c'est une communauté de shopping participatif, un rassemblement de créateurs et de consommateurs. Notre concept, c'est de proposer de faire du shopping autrement, en donnant plus de poids au consom'acteur tout en développant de nouveaux moyens de communication et de commercialisation pour les petites marques (vêtements, bijoux, accessoires, décoration, créations pour bébés et enfants, cosmétiques…).

Sur Louve, les clients ne font pas seulement des achats, mais ils choisissent les créateurs et peuvent nouer des interactions plus fortes avec eux. Les créateurs, eux, ont accès à des outils (plateforme de vente, événements, accompagnement) pour affiner leur identité et développer leur visibilité. L'outil principal vient d'être mis en ligne, une place de marché de style Etsy mais avec une sélection à l'entrée.

© Louve

© Louve

J'ai choisi le nom Louve parce qu'il évoque le féminin et la communauté. La louve est maternelle et chouchoute ses louveteaux. Il est court, facile à retenir, français – pour la dimension made in France. Il permet de développer tout un univers et le *storytelling* qui va avec : la vie de la meute, les louveteaux, la tanière... Avec Louve, les créateurs français ont leur meute !

© Louve

LE CONSEIL DE CAROLINE WEILER : « LE *MAPPING* PERMET DE VISUALISER SON HISTOIRE ET DE LA RACONTER DE FAÇON POSITIVE »

Conceptrice de Visual Story Mapping

www.carolineweiler.com (site en anglais mais fondatrice francophone)

Comment est né Visual Story Mapping ?

J'ai toujours utilisé le *mapping* (ou carte mentale, NDA) dans ma vie de tous les jours, de manière intuitive, sans avoir jamais suivi de formation spécifique sur le sujet. Au cours d'un voyage à Bali, j'ai rencontré beaucoup d'entrepreneurs et de personnes inspirantes qui me racontaient leur histoire. J'ai commencé à prendre naturellement des notes sous forme de *mapping*.

Je réalisais ainsi leur carte de vie pendant qu'ils me parlaient. Je les écoutais et cela pouvait partir dans tous les sens. Il s'agissait de personnes avec des milliers d'idées mais qui avaient besoin de structure et de créer des connexions entre leurs idées pour les mener quelque part. J'ai décidé d'en faire mon métier.

Comment le *mapping* peut-il aider les entrepreneurs ?

La carte dessinée que je réalise à la main devient un support permettant d'obtenir une vision d'ensemble sur un projet, un parcours de vie, une entreprise. Cela apporte une nouvelle perspective, un nouveau regard et offre la possibilité d'organiser sa vie, ses rêves et ses envies et de se fixer de nouvelles priorités. Je ne fais que véhiculer les idées et les émotions de ceux qui me parlent. Je les reflète en leur remettant un outil visuel et cela les aide à clarifier leur situation et à ainsi aller de l'avant.

Chacun a en soi le pouvoir de mettre son cerveau sur le papier. J'aide donc les personnes à visualiser leur histoire et à la raconter de façon positive, afin de révéler leur potentiel et de créer un vrai impact. Je fais ressortir des mots-clés qui pourront notamment les aider dans le choix d'un nom de marque ou dans la mise en action du *storytelling* de leur entreprise.

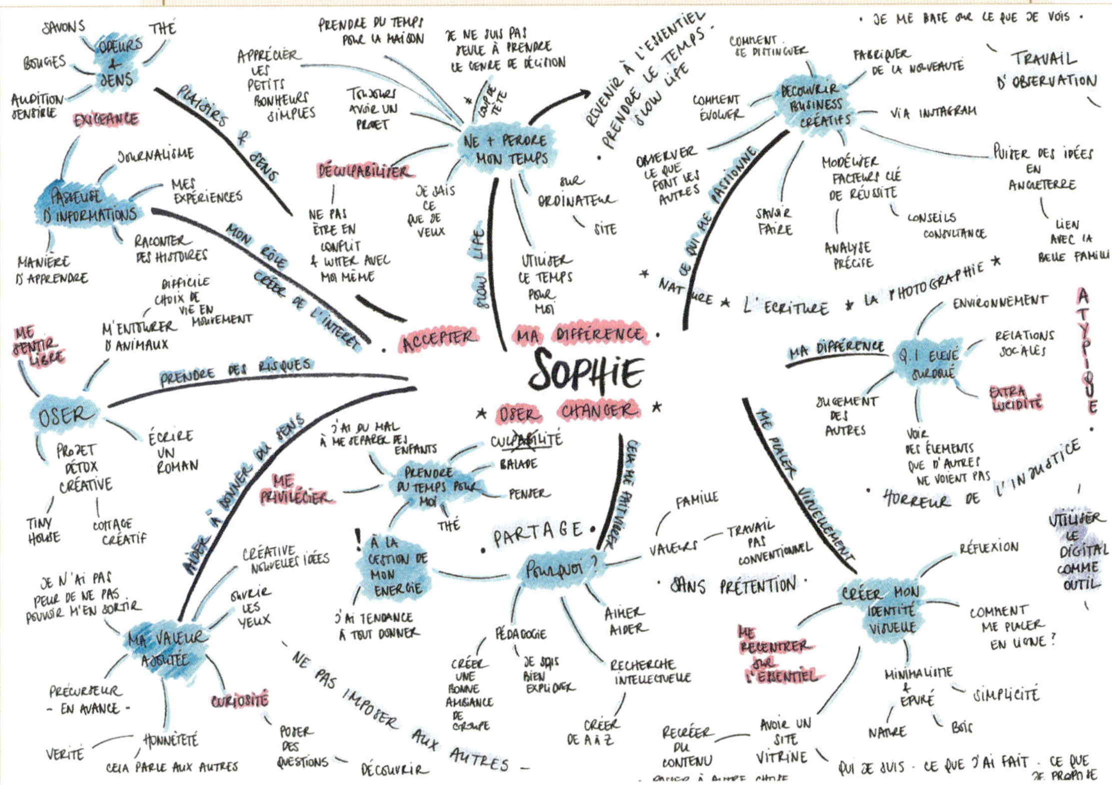

© Caroline Weiler et Sophie-Charlotte Chapman

CREATIVE THINKING
IDEAS
CREATIVE THINKING

III

CONCRÉTISER SA MARQUE : L'IDENTITÉ VISUELLE

AU PROGRAMME

EXPRIMER L'ESSENCE DE SA MARQUE

Créer sa marque ne se résume pas à choisir un nom et à (faire) dessiner un logo : c'est un travail approfondi de construction d'un univers unique, porteur d'un discours et de valeurs, d'une expérience client mémorable.

Pour autant, que votre marque soit accessible dans des points de contacts physiques ou uniquement en ligne, c'est bien par le visuel que vos clients vous découvriront puis se souviendront de vous.

Créer son identité visuelle, c'est traduire en graphisme, en images, en ambiance, éventuellement en décor et en packaging, ce qui fait l'essence de votre marque, ainsi que les messages clés que vous souhaitez transmettre.

Une marque qui se lance ne possède souvent qu'un budget restreint. En outre, quand on a l'âme créative, on a souvent le réflexe et surtout l'envie de faire tout soi-même et de maîtriser son projet de A à Z.

Mais attention, si vous ne disposez pas de compétences et/ou d'outils professionnels, vous ferez peut-être de mauvais choix et le résultat obtenu pourra apparaître « amateur », ce qui peut s'avérer extrêmement préjudiciable à la réussite de votre projet. Il ne faut pas négliger l'impact du visuel sur l'impression que se font vos clients de vos produits et de votre professionnalisme.

C'est pourquoi nous ne pouvons que vous conseiller d'inclure dans votre business plan le recours à un graphiste professionnel pour travailler sur votre identité visuelle. Nous verrons en fin de chapitre comment choisir son prestataire et collaborer efficacement avec lui.

Construire son identité visuelle

Définir son identité visuelle, c'est parvenir à concrétiser en éléments graphiques (signes, couleurs, formes, polices, mises en forme…) l'identité de sa marque, c'est-à-dire ce qui la distingue de ses concurrents : positionnement, messages, histoire, valeurs etc.
Elle repose avant tout sur la création d'un logo, mais aussi sur l'élaboration d'une charte graphique ou *branding board*, et le choix de couleurs pertinentes et distinctives.
Tout l'enjeu de la démarche consiste à donner naissance à un univers visuel en parfaite cohérence avec l'essence de la marque, qui contribue ainsi à porter le message qu'elle souhaite transmettre.
Les trois témoignages suivants illustrent ainsi les liens étroits qui existent entre le fondement même du projet d'entreprise et de la marque, et la manière dont a été conçue son identité visuelle.

LE TÉMOIGNAGE DE SINDY PEUZIAT : « UNE COURONNE DE FLEURS COMME UNE PROMESSE DE DOUCEUR, DE PURETÉ, DE RAFFINEMENT »
Fondatrice de Ma French Box, box de produits bio made in France
www.mafrenchbox.fr

Comment l'identité visuelle de Ma French Box est-elle née ?
J'aime l'illustration en général et j'avais vu passer quelques couronnes de fleurs minimalistes, un peu dans l'esprit scandinave, qui m'avaient interpellée… Pour le logo de Ma French Box, j'imaginais un visuel léger, fin, en rapport avec la nature, associé à des tons pastel. Surtout rien qui n'agresse. Je voulais au contraire que l'on comprenne, en voyant le logo, que Ma French Box, c'est la promesse de douceur, de pureté et de raffinement. Alors j'ai pioché des inspirations de feuillages, de fleurs, de cercles… dans des revues, des livres que j'ai à la maison et sur Internet. Un ami graphiste/designer a su mettre en forme mes idées et voilà, le logo Ma French Box est né.

Quelles valeurs/messages souhaitez-vous véhiculer à travers cette marque ?
Attachée à la vie locale de mon village, l'idée est en premier lieu de faire découvrir le made in France à certains ou le faire redécouvrir à d'autres. Privilégier les produits locaux et la qualité plutôt que la quantité, c'est encourager l'entrepreneuriat français, dynamiser l'économie française mais aussi contribuer à l'écologie (un transport de marchandises à travers la France pollue moins qu'un transport international). Tous les jours, en France, des créateurs, des artisans, des producteurs ou de jeunes entreprises voient le jour et tentent d'aller à contre-courant d'un système qui ne nous fait pas toujours du bien. Je voulais mettre en lumière la qualité du savoir-faire français.

Par ailleurs, le bio est présent dans nos assiettes depuis plusieurs années. Pour autant, nous sommes moins sensibilisés à son importance dans les cosmétiques, alors que ce que nous appliquons sur notre peau finit aussi dans notre corps. À ma façon, j'ai voulu montrer que l'on peut se faire belle et belle en bio ! Enfin, j'ai choisi exclusivement des produits non testés sur les animaux, afin d'encourager la recherche d'alternatives.

Je souhaite être le lien entre les consommateurs et ces trois exigences. Il n'est pas toujours évident de chercher des marques, des produits qui respectent une certaine éthique : je me propose de le faire, y compris sous forme de surprise, grâce au concept de la box.

© Ma French Box

LE TÉMOIGNAGE DE JULIE GARNIER : « UN LOGO FRAIS, AVEC UNE TOUCHE DE NATURE, ACCOMPAGNÉ D'UN SLOGAN PERCUTANT »

Créatrice du blog Friendly Beauty et du site Breizh gwer, annuaire vert et breton
breizhgwer.fr

Comment l'identité visuelle de Breizh gwer est-elle née ?

Dans une démarche globale de proximité, travailler avec quelqu'un d'accessible, dont je connaissais déjà un peu le style, était quelque chose d'important pour moi. J'ai donc fait appel à Florence Sabatier qui « officie » sur la Toile sous le nom de La Mouette (la-mouette.com/). J'ai toujours apprécié son travail d'illustratrice, et sa « patte » correspondait parfaitement au style que je souhaitais donner à Breizh gwer. Je voulais quelque chose de frais, pas trop genré (puisque mon public serait mixte) avec une touche verte et végétale.

J'ai donné quelques pistes de ce que j'imaginais à Florence et elle s'est chargée du reste. Je souhaitais vraiment avoir des visuels parlants, pleins de sens. Par exemple, pour les producteurs et créateurs, nous avons opté pour une main tendue, dans laquelle se trouvent deux petites feuilles. Si, dit comme cela, cela paraît être une illustration toute simple, elle a en réalité beaucoup de sens : elle symbolise le partage d'un côté et le respect de la nature de l'autre.

Pour ce qui est du logo de Breizh gwer, je n'avais pas vraiment d'idée arrêtée et m'en suis donc remise à l'imagination de Florence, ma seule exigence étant qu'on trouve un slogan sous le logo, qui « parle » au nouvel utilisateur arrivant sur le site.

Je suis vraiment très contente du résultat final. La différence de typographies donne du dynamisme à l'ensemble. L'hermine, emblème de la Bretagne, colle parfaitement au projet. Et le côté nature/végétal est à juste titre rappelé par quelques fleurs sauvages, des arméries maritimes, que l'on trouve beaucoup sur le littoral des côtes bretonnes.

Quant au slogan, la Bretagne éthique, il est simple et percutant, c'est tout ce que je souhaitais.

Pour la partie plus « technique » du projet, j'ai choisi là encore des développeurs travaillant en *coworking* près de chez moi, avec qui le contact est

© Breizh Gwer

facile et bien plus convivial qu'avec une agence. J'ai pu commencer à communiquer sur les réseaux sociaux (Instagram et Facebook) avant même la mise en ligne du site.

LE TÉMOIGNAGE DE CLAIRE PEREZ : « UN NOM ET UN LOGO SIMPLES ET PERCUTANTS, POUR ROMPRE AVEC LES CLICHÉS DU MAGASIN FERMIER »

Fondatrice du Local, magasin de producteurs locaux près de Rouen
facebook.com/SCICLELOCAL

Quelles étaient vos ambitions en créant le Local ?

Je voulais inscrire notre projet de vente de produits locaux en circuit court dans le cadre d'une économie sociale et solidaire. Je souhaitais pouvoir contribuer à la stabilité des emplois locaux, mais aussi protéger le pouvoir d'achat des consommateurs. Une fois que le projet d'ouverture de notre point de vente a été validé par les organismes normands qui me suivaient dans le montage du business plan, j'ai commencé à réfléchir à l'esprit que je désirais donner à notre lieu. Un magasin de producteurs, cela peut vite ressembler à tout et n'importe quoi. Je voulais un lieu en accord avec les valeurs que je défends, un lieu où le consommateur peut faire ses courses en toute tranquillité et en toute transparence grâce à une politique de prix juste (pour le producteur comme pour l'acheteur), non réservé à une élite. Dans le cadre de cette démarche locale, je souhaitais également un approvisionnement régulier en produits frais (ce qui suppose des fournisseurs habitant à moins d'une heure et quart de route), éviter un maximum de pertes, proposer des produits non traités, en somme une démarche des plus naturelles et respectueuses possible.

Comment votre marque et son identité visuelle reflètent-elles cette ambition ?

Une fois le lieu déniché, j'ai fait appel à une graphiste et une chargée de communication pour trouver le nom de l'entreprise et la doter d'une identité visuelle forte et en particulier d'un logo. Pour le nom, je souhaitais quelque chose de simple, de direct, de percutant et qui rompe avec les codes traditionnels de l'agriculture et du terroir. Je ne voulais pas de clichés du type « Au panier fermier » avec une botte de poireaux en guise de logo. Il me fallait quelque chose dans l'air du temps et qui attise la curiosité des résidents de ma zone de chalandise pour leur donner envie de venir nous découvrir. Plus qu'un point de vente, j'avais pour objectif de créer un lieu de vie, avec une vraie ambiance, qui

© Le Local

permette de créer des liens, de faire vivre une réelle expérience ! Le nom Le Local, arrivé très tôt dans notre processus de développement, répond aux critères que j'avais en tête et a été tout bonnement trouvé par la femme du maraîcher qui nous approvisionne en fruits et légumes !

Une fois le nom trouvé et le concept bien défini, j'ai pu travailler avec une amie graphiste sur le logo. Je lui ai donné des exemples de ce que je ne voulais pas (le panier fermier était proscrit d'office !) et un exemple de ce qui me plaisait bien. Je souhaitais un logo moderne qui corresponde aux codes graphiques actuels. Nous nous sommes inspirées du local en lui-même pour créer le logo : les poutrelles métalliques apparentes se retrouvent en effet dans la forme du L.

Les différents essais de logos – Graphiste : Cécile Porée – © Le Local

Le logo définitif
Graphiste : Cécile Porée
© Le Local

REPRÉSENTER SA MARQUE AVEC UN LOGO

Le logo (abréviation de logotype) est une représentation graphique simplifiée et stylisée de votre entreprise ou de votre marque. Il se compose généralement d'un insigne, d'une forme géométrique ou d'un motif, abstrait ou figuratif, associé au nom de la marque, lui-même écrit dans une typographie spécifique.

Parfois, il inclut également la *baseline* (voir le chapitre II) ou tout autre élément d'information, tel que la date de fondation de l'entreprise ou sa spécialité. Cécile Hatté, créatrice de la marque Marcel & Lily a ajouté le lieu de conception de ses créations (Paris), un détail particulièrement « vendeur » à l'international. Le logo permet de distinguer en un coup d'œil, parmi la concurrence, un produit ou une publication de telle ou telle marque. Il doit bien évidemment découler de la réflexion sur le message de la marque et contribuer à l'exprimer.

Créatrice d'accessoires de maroquinerie, Xavière Langin a ainsi formé son nom de marque, Xatribu, en associant le diminutif qu'elle avait toujours utilisé comme créatrice, avec le terme « tribu », qui reflète son goût pour le partage. Pour son logo, réalisé par une amie graphiste, elle a choisi une typographie ronde et souple, féminine et rassurante, accompagnée de six étoiles colorées qui représentent les membres de sa tribu. Dans le même esprit, ses modèles portent tous un prénom bien à eux !

© Xatribu

© Xatribu

Un logo doit tout à la fois être simple, facile à lire et à comprendre, impactant et mémorisable. Un défi qui justifie d'y passer du temps et de ne pas se laisser influencer par les tendances, au risque de se retrouver avec un logo « daté » quelques années plus tard.
Son style aura également un rapport direct avec l'univers créatif : une marque dont les créations se distinguent par leur sobriété et leur design épuré adoptera volontiers un logo minimaliste.

Le nom de la marque et la manière de le mettre en scène graphiquement sont souvent intimement liés, et il est opportun de travailler ces deux éléments ensemble, comme nous l'explique Emma Ducher, directrice artistique et cofondatrice de la marque Iwwi (kits et accessoires décoratifs en macramé) : « Lorsque nous avons réfléchi au nom de notre marque, nous voulions un nom qui rappelle l'univers végétal et la plante grimpante. Nous avions repéré le terme *ivy*, qui signifie « lierre » en anglais, mais qui était déjà utilisé. En jouant autour du nom, de ses dérivés et graphies possibles, nous avons inventé Iwwi. Aujourd'hui, le public est habitué aux mots inventés comme noms de marques. Par ailleurs, le fait qu'il s'agisse d'un palindrome recelait un vrai potentiel graphique. » Le logo choisi joue ainsi sur la symétrie des lettres d'Iwwi.

© Iwwi

Tout comme votre nom, votre logo vous suivra partout : il sera présent sur vos créations, sur vos supports de communication, sur votre packaging, sur votre site internet ou encore votre blog. Vous devez donc en être 100 % satisfait.

Quand la marque devient suffisamment forte et connue, il arrive que son nom disparaisse et que le simple logo permette aux consommateurs de l'identifier (on pense immédiatement à Nike ou encore à Mercedes, dont les logos se suffisent à eux-mêmes).

BON À SAVOIR : OPTER POUR UN LOGO TYPOGRAPHIQUE

Posséder un symbole accompagnant son nom de marque n'est pas une obligation. Il est tout à fait possible de se développer en utilisant uniquement son nom de marque, à condition de l'associer à une typographie bien spécifique, si possible créée pour l'occasion. Ou encore utiliser deux polices d'écriture contrastantes. On parle alors de logo typographique, qui a l'avantage d'être simple et efficace. Créatrice de la marque Kufu, accessoires zéro déchet, Sabrina Grasso était graphiste auparavant : elle a elle-même dessiné son logo : « Visuellement, je voulais être à l'opposé du vert et du blanc, souvent associés aux marques dans le domaine du développement durable. Je désirais un univers un peu *girly*, séduisant, d'où le choix du rose. J'aime les logos typo : j'ai opté pour une typo ronde et douce, qui va vers le haut pour symboliser l'idée d'élévation ».

KUFU

© Kufu

LE TÉMOIGNAGE DE SOIZIC PERRON : « UNE ICÔNE ÉCOLOGIQUE MODULABLE À L'INFINI À TRAVERS UN DESIGN UNIQUE »

Créatrice de Boumaga, marque de papeterie et accessoires respectueux de l'environnement
boumaga.com

Comment est né le logo de Boumaga ?

Dans mon cas, il s'agit plutôt d'une icône écologique, au logo fort de sens. Pendant longtemps, j'ai dessiné ce que j'avais en tête : ma passion pour la Russie, la papeterie de mon enfance, mon expérience chez Unilever liée au développement durable... Ces éléments ont particulièrement influencé mes premiers croquis. Je souhaitais un univers doux, neutre, des matières naturelles (de type kraft). J'ai préparé un dossier présentant mes idées et le positionnement écologique de la marque afin de trouver un professionnel qui conçoive mon logo. J'ai soumis mes esquisses d'un « personnage tout doux » à plusieurs interlocuteurs (une cousine graphiste, une illustratrice jeunesse et un couple d'artiste des Beaux-Arts), ce qui a donné lieu à de nombreux échanges. Parmi toutes les propositions, j'ai fait retravailler celle qui s'inscrivait le mieux dans le temps et dans la dimension écologique recherchée. Je voulais aussi que cette icône raconte une histoire. Boumaga ressemble ainsi à une petite fève, symbole de vie et de fertilité ; c'est aussi un personnage qui entoure de ses deux bras sa tête toute ronde, comme s'il prenait soin de la planète. Cette icône est modulable à l'infini : son ventre peut se modifier et faire apparaître différents éléments de la nature, permettant une lecture multiple. À mon sens, chaque enfant, fille ou garçon, peut se l'approprier. J'ai fait en sorte que la typographie suive de façon précise les courbes de Boumaga, afin d'associer à la marque une typographie propre.

Boumaga signifie « papier » en russe : un clin d'œil subtil à une langue que j'ai apprise. Mon cœur de cible étant les enfants, le nom de la marque devait être facile à retenir et à prononcer. On y retrouve l'onomatopée « boum », un son universellement connu du monde enfantin.

De gauche à droite et de haut en bas :
les différentes recherches de logos et le logo finalement adopté en situation – © Boumaga
Crédit photographique : Jacques du Sordet

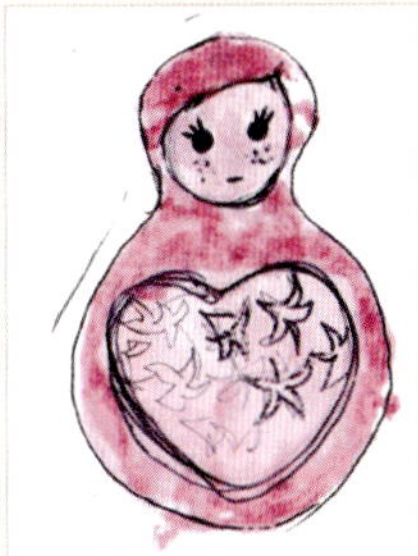

boumaga

boumaga

boumaga
boumaga
boumaga
boumaga

LE TÉMOIGNAGE DE MARY DEZAUNAY : « UNE FRATRIE JOYEUSE ET DYNAMIQUE POUR LOGO »

Créatrice de Croix d'enfants, croix de prière et accessoires religieux
croixdenfants.bigcartel.com
et http://croixdenfants.canalblog.com/

© Croix d'enfants

Comment est née Croix d'enfants ? Quelle est l'histoire de votre marque ?

Croix d'enfants est née tout doucement en 2008. À ce moment-là, j'avais arrêté de travailler pour m'occuper de mes deux premières filles. J'avais très envie de « bricoler » des petites choses décoratives pour mon plaisir. Je n'ai pas tout de suite démarré avec les croix. J'ai testé plusieurs techniques avant (machine à broder, scie à chantourner...).

Et puis, j'ai voulu réaliser des croix pour chacune de mes filles. Il fallait trouver des idées différentes pour qu'elles n'aient pas la même. Je me suis beaucoup documentée, notamment en cherchant l'inspiration dans les vieux livres des années 1940. Petit à petit, je me suis mise à décliner des croix personnalisées de naissance, de baptême, de communion que j'offrais à mes amies...

Ce sont elles qui m'ont poussée à ouvrir un blog pour exposer les différents modèles. Le blog est ainsi né en 2009, un peu comme un journal de bord abordant divers sujets comme le bricolage, les livres anciens, les vide-greniers et bien sûr les croix !

Pourquoi ce logo ?

Pour le logo, j'avais envie de montrer une fratrie joyeuse et dynamique : une grande sœur et son petit frère qui se tiennent par la main.

À l'origine, j'avais crayonné un dessin en couleurs avec la maman, bébé dans les bras, qui court derrière ses enfants. J'ai réduit mon dessin à deux silhouettes. Cela devient plus efficace. Je ne souhaitais pas non plus y ajouter le symbole d'une croix. Je pense que cela aurait été redondant avec le nom Croix d'enfants. Après ces quelques années d'existence, je suis contente de mon logo, je ne m'en lasse pas.

CHARTE GRAPHIQUE ET BRANDING BOARD

L'identité visuelle d'une marque ne se résume pas à son logo. Celui-ci n'est qu'un élément graphique parmi tous ceux qui permettront à la marque de rester cohérente et donc marquante dans sa communication visuelle.
Dans les grandes entreprises, une charte graphique est généralement distribuée à tous les services. Ce document de plusieurs pages formalise les règles à appliquer par tous les intervenants, internes et externes, amenés à communiquer, afin de s'assurer que les différentes versions du logo sont bien employées, que la *baseline* est utilisée à bon escient, etc.
Pour une petite entreprise, nul besoin d'un document aussi détaillé. Le graphiste, en revanche, fournit à son client ce qu'on appelle une *brand board* ou *branding board*. Cette planche synthétise l'identité visuelle de la marque sur une page (voir ci-dessous et page suivante). Elle en reprend tous les éléments graphiques : le logo principal, les variantes du logo (par exemple, un logo en noir et blanc pour les documents qui ne peuvent pas être imprimés en couleurs ou un logo « raccourci » pour les supports tels que les étiquettes, trop petits pour accueillir le logo principal), la palette de couleurs, avec les codes couleurs correspondants, les typographies et polices, les éléments graphiques tels que des pictogrammes, des motifs, des boutons pour le site web, des icônes de réseaux sociaux, etc., et enfin les images d'inspiration qui ont servi de support à la réflexion sur l'identité visuelle.

SOPHIE-CHARLOTTE
CHAPMAN
vivre (de) sa créativité

1 Logo principal

2 Logos secondaires

Ci-dessus et page suivante : 1 à 6, les visuels du branding board de Sophie-Charlotte Chapman.
© Studio de design graphique Justine Briatte

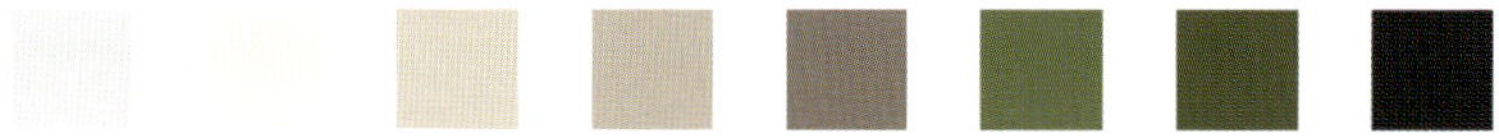

GHOST WHITE	ANTIC WHITE	DESERT SAND	FRENCH BEIGE	UMBER	ASPARAGUS	ARMY GREEN	CHARBON
PANTONE *427 CP*	PANTONE *P1-1 C*	PANTONE *2310 C*	PANTONE *2312 C*	PANTONE *4725 CP*	PANTONE *5773 C*	PANTONE *5753 C*	PANTONE *439 C*
CMJN *9 6 6 0*	CMJN *4 4 7 0*	CMJN *12 15 23 0*	CMJN *19 22 29 3*	CMJN *36 38 44 19*	CMJN *55 34 76 19*	CMJN *60 40 80 32*	CMJN *0 0 0 90*
RVB *236 236 238*	RVB *247 244 239*	RVB *229 216 200*	RVB *211 195 178*	RVB *154 137 124*	RVB *118 128 76*	RVB *97 104 60*	RVB *60 60 59*
WEB *#ECECEE*	WEB *#F7F4EF*	WEB *#E5D8C8*	WEB *#D3C3B2*	WEB *#9A897C*	WEB *#76804C*	WEB *#61683C*	WEB *#3C3C3B*

3 Palette de couleurs

Graphik light

abcdefghijklmnopqrstuvwxz
ABCDEFGHIJKLMNOPQRSTUVWXZ

Halis GR Medium

abcdefghijklmnopqrstuvwxz
ABCDEFGHIJKLMNOPQRSTUVWXZ

Adobe Caslon Pro Italic

abcdefghijklmnopqrstuvwxz
ABCDEFGHIJKLMNOPQRSTUVWXZ

4 Typographies

5 Motifs

6 Mise en situation

LE TÉMOIGNAGE DE CYRIELLE FERNET ET JUSTINE BRIATTE : « UNE NOUVELLE IDENTITÉ VISUELLE POUR UNE IMAGE PLUS PROFESSIONNELLE »

Créatrice de la marque Made by Cycy, confections textiles françaises
madebycycy.com
Graphiste indépendante à Lyon – Studio de design graphique Justine Briatte
justinebriatte.com

En 2015, Cyrielle, vous avez fait appel à Justine pour travailler sur une nouvelle identité visuelle. Racontez-nous…

Cyrielle : quand je me suis lancée dans la vente de mes créations, je n'avais pas l'intention de lancer ma propre marque. J'avais quand même fait appel à une graphiste pour réaliser un logo, mais il ne me correspondait plus. J'avais évolué, pris confiance en moi, en mon travail, et je sentais bien que j'étais en train de passer un cap. Je travaillais activement pour développer ma marque et donner une nouvelle dimension à ma petite entreprise. Je souhaitais renvoyer une image plus professionnelle de mon activité : il me fallait un logo plus actuel, qui tra-

© Made by Cycy – Studio de design graphique Justine Briatte

duise cette dynamique d'évolution. J'ai fait appel à Justine en lui demandant quelque chose de simple, de sobre, d'efficace et dont je ne me lasse pas. Une telle démarche demande beaucoup de travail : nous avons commencé par plancher sur un tableau d'inspiration et sur un questionnaire assez long qu'elle m'avait envoyé en amont pour mieux me connaître et cerner mes attentes.

© Made by Cycy – Studio de design graphique Justine Briatte

Justine : Cyrielle étant une créatrice, elle est arrivée avec beaucoup d'idées, d'images d'inspiration, mais aussi de ses créations pour que je puisse m'imprégner de son univers. J'ai fait une sélection parmi ses propositions et je l'ai complétée avec des bijoux aux formes géométriques, des paillettes, du doré, du *nude* et du *mint* pour les couleurs... Nous avons élaboré une ambiance assez douce, duveteuse, comme un cocon confortable... Une fois qu'elle a été validée, j'ai commencé la recherche puis la conception logo. Cyrielle souhaitait qu'il comporte du lettrage fait à la main, qui est ma spécialité. J'esquisse en général une trentaine de logos à la main, puis j'en sélectionne une dizaine que je retravaille sur mes logiciels, mais je n'en présente qu'une petite sélection au client. Après quelques allers-retours, elle a choisi le logo que moi aussi je préférais (on a toujours notre préféré, mais on ne le dit pas, pour ne pas influencer le client).

Cyrielle : nous nous sommes assez rapidement centrées sur une forme géométrique (l'hexagone), puis nous avons dû ajuster les couleurs. C'est en me rapprochant de mes fournisseurs, notamment celui qui produit les étiquettes tissées à mon nom, que nous avons été alertées sur certaines contraintes techniques : les caractères devaient avoir un minimum de hauteur. Justine a donc adapté la police pour que la confection soit possible.

DONNER DES COULEURS À SA MARQUE

Choisir la palette de couleurs associée à son logo et à sa marque est un acte important, car ces teintes jouent un rôle essentiel : exprimer de manière harmonieuse l'atmosphère, la personnalité de votre marque, et vous permettre justement de vous démarquer de vos concurrents.

Certaines marques n'utilisent qu'une couleur (rouge pour Coca-Cola, bleu moyen pour Facebook, bleu clair pour Twitter). Cependant, il est fréquent de choisir pour son identité visuelle une palette de deux à cinq couleurs assorties.

Traditionnellement, les couleurs sont considérées comme ayant une symbolique. La connaître peut être source d'inspiration et permet de ne pas commettre d'impair :

- les rouge est synonyme de vivacité, de passion, de dynamisme ;
- l'orange évoque la convivialité, la joie de vivre, l'optimisme ;
- le jaune est amical, simple, chaleureux ;
- le vert symbolise souvent le naturel, la fraîcheur, la sérénité ;
- le bleu est associé au sérieux, à la fiabilité, à la confiance ;
- le violet rappelle la sophistication, la spiritualité, la sagesse ;
- le rose est féminin, voire girly, ou encore enfantin ;
- le marron évoque le masculin, la terre, la sécurité ;
- le noir est associé au luxe, au mystère, à la modernité ;
- le blanc et synonyme de pureté, de douceur, l'innocence ;
- le gris enfin est synonyme de calme, d'équilibre, de maturité, de sérieux.

LE CONSEIL DE JUSTINE BRIATTE : « ATTRIBUER UNE SAISON À L'UNIVERS DE LA MARQUE PERMET DE DÉFINIR UNE PALETTE DE COULEURS COHÉRENTE ET SYMBOLIQUE »

Graphiste indépendante à Lyon – Studio de design graphique Justine Briatte
justinebriatte.com

Comment procédez-vous pour élaborer la palette de couleurs d'une marque ?
La palette de couleurs découle en général de la planche de photos d'inspiration élaborée avec le client au début du processus de *branding*. On les teste

© Made by Cycy – Crédit photographique : Studio de design graphique Justine Briatte

pour vérifier qu'elles fonctionnent bien ensemble. Et surtout qu'elles sont cohérentes avec l'univers de la marque. J'ai ainsi pour habitude d'attribuer à chaque projet sur lequel je travaille l'une des quatre saisons, afin de mieux associer les couleurs. Pour une photographe que j'ai récemment accompagnée, qui aime photographier ses clients dans un décor naturel, de montagne – elle vit à Grenoble –, je suis partie sur une ambiance que j'ai qualifiée d'hiver végétal et givré. Je lui ai proposé une palette de verts assez sombres qui se marie parfaitement à son identité de marque.

Pour la refonte de l'identité visuelle de Made by Cycy (voir témoignage précédent), j'avais associé la marque à un printemps assez doux, la saison des naissances, de ce qui éclôt…

J'actualise ma propre identité visuelle chaque année, pour montrer à mes clients mon évolution et les tendances qui m'inspirent. Récemment, j'ai opté pour la neutralité du noir et blanc, afin de ne pas influencer le client avec des couleurs trop fortes. Je l'ai associée à un bleu également assez neutre, qui apporte de la douceur.

BON À SAVOIR : L'IDENTITÉ VISUELLE N'EST PAS FIGÉE, ELLE DOIT ÉVOLUER

Un logo et une identité visuelle ne sont pas figés dans le temps. Tout comme vous mûrissez, votre entreprise évolue, vous vous perfectionnez au fil du temps et votre savoir-faire s'enrichit des expériences vécues. Les codes visuels de la communication changent eux aussi. L'identité visuelle est également soumise aux phénomènes de mode et ce d'autant plus depuis le développement fulgurant du digital, dont les supports varient en format. Il faudra que votre marque puisse se décliner sur bien des plans pour rester « connectée » et cohérente d'un ordinateur à une tablette en passant par le Smartphone.

Il est donc normal voire logique que votre identité visuelle s'adapte, se modernise, se rajeunisse, se professionnalise selon votre problématique.

Au printemps 2016, la plateforme de *crowdfunding* Bulb in Town explique aux abonnés de sa newsletter pourquoi et comment elle a modifié son logo : d'une ampoule abritant une ville à une ampoule en forme de point de localisation sur une carte : « On a gardé l'ampoule bien sûr, car c'est l'idée, celles de nos porteurs de projet chaque jour. Mais on l'a fait évoluer. Évoluer ? Oui, cette idée n'héberge plus une ville, mais elle est simplement ANCRÉE dans son territoire, localisée. C'est pour cette raison qu'elle prend la forme d'un point de localisation. Le quadrillage du fond, ce sont les rues, les chemins qui se croisent, les relations qui se créent. Vous nous suivez ? »

Ancien logo – © Bulb in Town

Nouveau logo – © Bulb in Town

Faire vivre son identité visuelle

Une fois l'identité visuelle de la marque élaborée, se pose la question de sa mise en œuvre, qui doit être constante et cohérente dans toutes les dimensions visuelles de l'entreprise. Les éléments de marque seront ainsi utilisés sur tous les supports, physiques ou virtuels, par le biais desquels les clients sont amenés à entrer en contact avec la marque : supports de communication *print*, packaging et étiquettes produits, signalétique et éléments de merchandising, décoration du point de vente, et bien entendu lieux de présence web (site, réseaux sociaux, places de marchés, courriels...).

IMPRIMER SA MARQUE

Ce qu'on appelle communément le *print* dans le jargon publicitaire englobe tous les supports papier imprimés qui serviront à la communication de votre entreprise : le plus commun est certainement la carte de visite. On trouve aussi les *flyers*, les affiches, les dépliants commerciaux, les catalogues ou encore les cartes postales qui ont le vent en poupe.
Ces supports papier ont, malgré le développement du Web, encore toute leur importance et leur rôle à jouer dans la promotion de votre activité, notamment sur le plan local.
En effet, même si votre présence web vous permet de toucher potentiellement une clientèle à l'échelle nationale, voire internationale, votre cible locale ne doit pas être négligée. Surtout à l'heure où de plus en plus de consommateurs ont à cœur de faire travailler les professionnels de leur région.
Le réseautage « en personne » (plutôt que numérique) est également un facteur de notoriété important. Pensez donc à avoir toujours des cartes de visite sur vous, déposez des *flyers* ou des affiches chez les professionnels susceptibles d'être vos prescripteurs et dans les lieux où votre cible séjourne ou passe... Pourquoi ne pas faire également de votre voiture ou votre vélo une publicité roulante pour votre activité ?

© Mademoiselle cartonne

Bien entendu, ces supports devront revêtir les couleurs de votre entreprise et votre logo, mais doivent aussi faire apparaître un moyen de contact et surtout l'adresse de votre site web, afin que votre interlocuteur puisse vous retrouver facilement depuis son ordinateur ou son Smartphone. Une majorité de consommateurs comme de professionnels se renseigne en effet via le Web et les réseaux sociaux avant d'effectuer un acte d'achat. La convergence *offline/online* prend alors toute son importance.

LE PACKAGING, L'ÉTIQUETAGE ET LES PRODUITS DÉRIVÉS

Le terme packaging recouvre en réalité plusieurs dimensions : le design du contenant d'un produit ou conditionnement, puis son emballage.
Loin d'être superflu, le packaging constitue la touche finale qui habille votre création, votre produit. En son absence, votre produit risque de dégager une image négative : celle d'un produit amateur, « pas sérieux », voire négligé.
Toute création mise en vente devrait bénéficier d'un emballage qui la met en valeur et la protège, notamment si vos produits sont revendus dans

des boutiques indépendantes ou encore sur des marchés de créateurs, des salons… Si le packaging a une fonction logistique (transport, protection, mise en rayon) et informative, il remplit aussi une fonction commerciale et marketing : celle d'attirer l'œil, de vous différencier, de vendre et de transmettre votre image de marque. Ainsi, si vous proposez des objets bio ou encore écoresponsables, il sera logique d'opter pour un packaging qui véhicule vos valeurs comme du carton recyclé ou un emballage réutilisable ou minimaliste.
Le packaging est aussi le bon support pour parler de vos origines, on ne connaît que trop peu les savoir-faire locaux et pourtant la région de production fait partie de votre ADN d'entrepreneur. N'hésitez pas à mettre en avant votre localisation géographique.

© Note Suave

C'est souvent via votre packaging que votre client se fait sa première impression de votre marque, en vous découvrant lors d'une vente physique ou en ouvrant le paquet qu'il a reçu par la poste. Il est le prolongement de votre création et votre créativité peut encore s'y exprimer.
Il est donc vecteur de satisfaction et de recommandation : un emballage soigné et professionnel, dans lequel la « touche humaine » se ressent

malgré tout, fera toute la différence. Il peut parler à votre place, raconter votre histoire et faire vivre votre concept. Il fait partie intégrante de l'expérience que vous souhaitez faire vivre à vos clients à travers votre marque et vos produits.

© Poussière des Rues

La créatrice de la marque Poussière des rues (kits créatifs, papeterie et accessoires sérigraphiés) avait choisi dès son lancement de se différencier de la concurrence avec un packaging unique : des coffrets en kraft qu'elle sérigraphie artisanalement : « Les clients adorent ! Le côté fait main et le kraft ont beaucoup de succès. Aujourd'hui, j'ai de nombreuses demandes, de particuliers comme de professionnels, pour sérigraphier des emballages, des produits, de la papeterie... C'est comme cela que j'ai réorienté mon activité pour proposer encore plus de sérigraphie, que j'adore pratiquer. »

Outre le packaging, l'application d'étiquettes à vos couleurs sur vos produits contribue à développer la notoriété de votre marque, à renforcer votre image et à accentuer le sentiment de confiance de vos clients.
Vous pouvez, par ailleurs, faire le choix d'un marquage indélébile plutôt que d'une étiquette amovible, en imprimant, gravant, brodant votre logo sur vos produits. Dès lors, vous faites de votre marque une qualité intrinsèque, désirable, de vos produits (les marques de luxe l'ont notamment bien compris, qui apposent leur logo de manière bien visible sur leurs

collections). Par ailleurs, vous faites ainsi de vos créations et de leurs acquéreurs les ambassadeurs de votre marque.
Il est enfin possible d'aller encore plus loin, en offrant, voire en vendant des produits dérivés, c'est-à-dire des objets (*tote-bags*, magnets, stickers, tattoos...) dont la qualité principale est d'être à l'effigie de votre marque.

© Savon D'ICI

BON À SAVOIR : LES INFORMATIONS LÉGALES À FAIRE FIGURER SUR VOTRE PACKAGING
En fonction de la nature de votre produit, par exemple alimentaire, cosmétique, textile ou encore à destination des enfants, l'étiquetage comme le packaging ont également un rôle d'information légale du consommateur (composition, quantité, lieu de fabrication, précautions d'usage, etc.) et doivent obéir à des normes précises. Pour les connaître et ne pas risquer d'être en infraction, rapprochez-vous de votre antenne départementale de la Direction générale de la concurrence, de la consommation et de la répression des fraudes (DGCCRF).

LE TÉMOIGNAGE DE CÉCILE HATTÉ : « DES MINI-CORNERS POUR MIEUX METTRE EN VALEUR LA MARQUE CHEZ LES REVENDEURS »

Créatrice des accessoires de mode et de décoration Marcel & Lily

marceletlily.fr

« J'ai fait le choix d'une identité visuelle épurée, en noir et blanc, pour être cohérente avec mes produits. Depuis la mi-2016, chacun de mes produits a un packaging dédié. J'utilise notamment le kraft, qui se marie bien avec mon univers. Je réfléchis désormais à la conception de présentoirs et solutions de merchandising pour mes revendeurs. En effet, je les encourage à installer dans leur boutique un mini-corner Marcel & Lily : de cette manière, l'univers de la marque est mieux mis en valeur et attire davantage l'œil qu'avec des produits disséminés dans le point de vente ».

© Marcel & Lily

LE TÉMOIGNAGE D'ADELINE MARIE : « UNE ÉTIQUETTE CONÇUE AVEC UNE DESIGNER PROFESSIONNELLE »

Créatrice de la marque de sacs à langer Lilaxel

www.lepetitmondedelilaxel.com

© Lilaxel

Pour mettre au point les étiquettes de mes sacs à langer, j'ai travaillé en collaboration avec Sabine, une super-designer (lesprocreatifs.fr). J'avais en tête une idée du texte, mais pas forcément du format, ou de la mise en page des différentes informations. Comme pour chaque élément de communication graphique que j'élabore pour ma marque, j'étais partagée entre la crainte de ne pas donner suffisamment d'informations manquantes et celle de vouloir trop en dire, et que cela nuise au message que je veux diffuser. Grâce aux différents échanges par mail et par Skype avec Sabine, et à ses suggestions, je suis arrivée à un résultat qui me plaît énormément !

Il y a sur l'étiquette toutes les informations que je voulais y voir apparaître : le nom du produit, son descriptif, son avantage bien mis en valeur, mon logo et le nom de ma marque, ainsi que le lien vers mon site. L'idée était aussi de faire une étiquette que l'on va pouvoir garder, ou diffuser autour de soi.

LE TÉMOIGNAGE DE JENNIFER BAYEMI : « UN PACKAGING JOYEUX ET COLORÉ, COHÉRENT AVEC LE CÔTÉ FAIT MAISON ET CRÉATIF DE MES PRODUITS »

Créatrice de la marque de savons Le Moly
lemoly.fr/

D'où vient le nom Le Moly ?

Quand je me suis décidée à commercialiser mes propres savons, j'ai commencé par chercher le nom de marque que j'allais leur donner. J'aurais pu partir sur un nom « bateau » du type « Les savons de Jennifer » mais je voulais quelque chose de plus profond, un nom qui me ressemble, qui transmette un message et se rapproche de ma philosophie. Je regardais du côté des plantes et des produits dérivés et, de fil en aiguille, je suis tombée sur une histoire de la mythologie grecque : celle de l'*Odyssée* d'Homère dans laquelle il est question d'une plante magique, le moly, qui rend l'homme plus humain et plus sage. Ce nom correspondait à ce que je cherchais, de plus, il était court et intriguant. Nombreux sont les clients qui me demandent sa signification, c'est un excellent moyen pour moi d'engager la conversation avec eux et de leur parler de mon travail.

Quelles sont les caractéristiques de leur packaging ?

J'ai voulu sortir des codes traditionnels de la cosmétique en termes d'identité visuelle. Je trouvais que les packagings actuels manquaient d'originalité. Je voulais au contraire quelque chose de joyeux et de coloré. Je n'avais malheureusement pas les moyens de faire appel à une graphiste, alors je me suis auto-formée aux logiciels de conception graphique (Photoshop et Illustrator). Je tâtonne encore, mais je suis partie sur des petits dessins qui rappellent le côté créatif et fait maison de mes produits. Je ne voulais cependant pas un rendu amateur, alors j'ai énormément observé ce qui se faisait en rayon et cela m'a permis de peaufiner mon packaging en changeant la typographie du texte par exemple, ou encore en épaississant le trait du logo, et en rehaussant les couleurs pour le rendre plus visible mais surtout le plus professionnel possible.

Quant au packaging en lui-même, je souhaitais une boîte, façon écrin, que l'on ouvre délicatement (pas un papier qu'on déchire ou un carton qu'on jette). J'ai dû faire plusieurs essais avant de trouver le bon imprimeur et la bonne solution technique.

Essai 1

Essai 2

Essai 3, version finale

LE TÉMOIGNAGE D'EMERIC CRUCHANT FLEURIAU : « UN LOGO ÉLÉGANT ET SÉRIEUX MALGRÉ LE JEU DE MOTS DE NOTRE NOM »

Cofondateur de la marque de verres de table, Q de bouteilles
qdebouteilles.fr/

Comment est né le concept Q de bouteilles ?

C'est en tombant sur une vidéo de découpe du verre que nous avons eu l'idée de transformer les bouteilles consommées en verres de table en n'en gardant que le cul. Nous nous sommes documentés sur les différentes techniques possibles, nous en avons expérimenté plusieurs dans notre propre cuisine. Et si les résultats n'étaient pas pour nous concluants, les verres obtenus plaisaient à nos amis. Nous avons voulu pousser l'expérience plus loin et nous avons recherché des artisans du verre capables de découper les bouteilles de vin comme il se doit. C'est en baie de Somme que nous avons alors installé notre atelier. Nous avons démarché des restaurateurs pour récolter notre matière première, les bouteilles de vin usagées, et avons mis en place avec eux un système de collecte hebdomadaire, ce qui nous permet un approvisionnement en continu. Chaque bouteille est alors désétiquetée, découpée, taillée, chanfreinée, polie puis gravée à l'effigie de notre logo, le tout à la main.

Que représente votre logo ?

Notre logo est lié à notre nom de marque, très vite les jeux de mots ont pris le dessus, mais c'est encore le plus simple que nous avons choisi pour coller avec notre positionnement que nous voulons haut de gamme. Difficile de se positionner ainsi avec un nom à connotation vulgaire. Nous avons eu la chance que notre nom puisse se symboliser en une lettre de l'alphabet, laquelle, qui plus est, a la forme de notre contenant. Ce Q est cependant stylisé : le côté gauche est plus épais, parce que la répartition du verre dans une bouteille n'est jamais homogène. Nous avions cependant une contrainte technique : la gravure du logo par sablage sur le verre. Il ne pouvait donc pas être trop chargé ou trop compliqué au risque d'abîmer le verre (rayures). Nous avons obtenu ce que nous souhaitions : un logo simple, sobre, actuel, aux lignes épurées et facilement mémorisable, élégant et sérieux malgré le jeu de mot de notre nom.

Quelles sont les caractéristiques de votre packaging ?

Notre packaging contient six verres, il est assez robuste pour en supporter le poids et suffisamment protecteur pour garantir une réception sans dom-

© Q de bouteilles

mages par le client. Nous le souhaitions toujours sobre et simple. Notre logo seul rendait la boîte graphiquement vide, alors nous avons eu l'idée d'y ajouter des pictogrammes avec nos têtes et nos prénoms (on les retrouve aussi sur nos cartes de visite).

Sur le côté du packaging est inscrite notre histoire (une face en français et l'autre en anglais) afin de rassurer nos clients sur la proximité de nos produits, leur origine française et dans le but de créer une vraie proximité entre tous les acteurs de ce circuit court (nous - artisans - distributeur - clients).

© Q de bouteilles

FAIRE VIVRE SA MARQUE ONLINE

Évidemment, une marque n'a pas qu'une présence physique. Elle doit aussi, et même avant tout, être visible en ligne !
Le site internet, qu'il s'agisse d'un site vitrine ou d'une boutique en ligne, constitue la première brique de la présence en ligne. Certes, il doit être développé aux couleurs de la marque, mais son rôle va au-delà.
Outre le design, les choix de navigation et tous les contenus (de la page d'accueil aux fiches produits, en passant par la page « à propos » ou même les conditions générales de vente) sont l'occasion non seulement d'exprimer les valeurs de la marque, de raconter son histoire, mais aussi de faire vivre à l'internaute cette fameuse expérience de marque.
Si votre marque promeut des valeurs de transparence, de convivialité ou encore de confiance, alors toutes ces qualités doivent transparaître lors de la consultation/utilisation de votre site web. Vous prônez la simplicité ? Alors vos menus, vos textes, votre webdesign doivent être cohérents avec cette exigence de simplicité.
Outre votre site, le blog, les profils de réseaux sociaux ou encore la newsletter sont des espaces idéaux pour faire vivre votre marque en ligne : raconter son histoire, mettre en scène son message, satisfaire la curiosité naturelle de votre communauté pour le derrière de la scène en exposant ses coulisses, en mettant en valeur ses procédés de fabrication, faire découvrir habilement son actualité et ses nouveaux produits, etc. Bref, faire votre *storytelling* (voir le chapitre II).
Là encore, accorder visuellement vos pages à vos couleurs est évidemment indispensable. Pensez à prévoir ou à demander à votre graphiste des visuels qui s'adaptent parfaitement aux formats des images de couverture et de profils prévus par les différentes plateformes.
Pour autant, encore une fois, faire vivre votre marque sur les réseaux sociaux ne se limite pas à mettre en conformité votre apparence. L'expérience utilisateur dépend aussi de la cohérence des contenus, écrits ou illustrés, que vous postez, de la manière dont vous échangez avec vos abonnés et dont vous animez votre communauté.
Chaque réseau social fonctionne selon ses propres codes, qu'il faut connaître puis appliquer pour communiquer efficacement. Twitter repose notamment sur le partage d'informations et de liens utiles. Il est idéal pour se positionner comme expert de son secteur, en veille active

des dernières tendances. Mais aussi pour valoriser son réseau en likant, commentant, retweetant leurs contributions. Une bio précise et bien rédigée est par ailleurs essentielle pour encourager ceux qui découvrent votre profil à vous suivre.
Éminemment visuel, Instagram est la plateforme qui demande le plus d'efforts en termes de composition graphique. Pour construire, photo après photo, un compte qui vous ressemble et renvoie une image de marque forte et mémorisable (les dernières photos postées sont celles qui apparaissent en premier au visiteur de votre profil et vont lui permettre de se faire une idée de votre univers), chaque cliché doit être travaillé de manière cohérente. En choisissant par exemple de conserver la même ambiance colorée, le même filtre, le même type de mise en scène, le même cadrage...

FOCUS : TROUVER L'INSPIRATION SUR INSTAGRAM

Voici quelques comptes Instagram à suivre et dont vous pouvez vous inspirer :

@cachemireetsoie
@note_suave
@niceplume
@kriboute
@lencreriemarine
@idee.creative
@minimelinsta
@mikodesign
@overways
@avril_mai
@thelemonspoon
@emilie_jolie
@papillonage
@lencreriemarine
@innerjoy
@kufu

Le visuel est bien sûr la matière première d'un réseau comme Instagram mais plus globalement, la photographie (et de plus en plus la vidéo) est un médium incontournable pour donner à voir et faire vivre votre univers de marque sur le Web.
Impossible de faire visiter votre atelier à tous vos clients, de faire une démonstration de votre processus de fabrication à tous vos fans ou encore de raconter de vive voix, à tous ceux qui vous découvrent, votre histoire et ce qui constitue l'essence de votre marque.

En complément de vos contenus écrits, vos photos et vidéos jouent un rôle essentiel pour transmettre une ambiance, un ressenti…
Il ne s'agit pas seulement de photographier vos créations pour illustrer vos fiches produits, mais bien de saisir ce qui rend votre travail unique et désirable. Pour cela, il peut être opportun de faire appel à un(e) photographe et un(e) styliste qui vous aideront à mettre en scène votre univers et à le transmettre fidèlement au travers de son objectif.

LE TÉMOIGNAGE DE NANOU GRONNIER : « UN *SHOOTING* AVEC UN PHOTOGRAPHE DE RENOM POUR MODERNISER NOTRE IMAGE DE MARQUE »

Propriétaire du château du Saussay qui propose ses salons à la location pour des mariages en Normandie
mariage-et-gite-en-normandie.fr

Votre activité existe depuis plus de vingt ans. En 2016, vous avez décidé de retravailler votre présence web en mettant l'image au centre de votre stratégie…
Nous disposions déjà d'un site web depuis une petite dizaine d'années. Nous sommes référencés sur de nombreux annuaires de salles de location, mais, en 2015, nous avons constaté une baisse des visites et des demandes de devis. Nous avons d'abord cru que c'était une conséquence de la « crise économique » et que nos tarifs étaient peut-être trop élevés… En creusant la question, nous nous sommes vite rendu compte que nous souffrions d'un manque de visibilité online et qu'il nous fallait développer notre présence web en travaillant notamment notre référencement. Après un travail d'analyse des mots-clés sur lesquels nous souhaitions nous positionner, nous avons lancé un nouveau site internet couplé à un blog pour booster notre référencement. Pour utiliser ces mots-clés à bon escient, il nous fallait produire du contenu de qualité pour ces supports digitaux : du texte et des visuels.

En parcourant les nombreux blogs de mariage français et Pinterest, nous avons constaté que le « mariage » avait beaucoup évolué depuis l'ouverture de notre château au public, dans les années 1990. C'est en effet un marché

Crédit photographique : The Quirky – © Château du Saussay

qui connaît de vrais effets de mode. Nous voulions montrer aux futurs mariés que nous étions « dans le coup » et, sur les conseils d'une scénographe professionnelle, nous avons décidé d'investir dans notre image en recrutant les services d'un photographe de renom. Il nous fallait des photos de mariages actuels, nous ne pouvions continuer d'utiliser des photos datant de plusieurs années, qui ne reflétaient pas tout le potentiel du château.

Nous avons donc organisé une séance *shooting* inspiration afin de disposer de visuels modernes. Nous sollicitons désormais les mariés pour obtenir l'autorisation d'utiliser quelques-unes de leurs photos de mariage mettant nos lieux en avant, chose que tous n'autorisent pas. La photographie et l'image se sont donc placées au centre de notre stratégie de communication. Une stratégie qui a vite porté ses fruits puisque nous affichons complet depuis ce travail de *branding*. Nous envisageons de renouveler nos photos régulièrement pour toujours rester à la page et encourager les jeunes mariés à nous choisir pour célébrer leur union.

LE TÉMOIGNAGE DE MANON BRUNET : « UN PHOTOREPORTAGE POUR METTRE EN AVANT LE PROCÉDÉ DE FABRICATION DES PRODUITS »

Créatrice de bougies organiques sous la marque Organic Cocoon
organiccocoon.com
(Ce témoignage est extrait du blog de Magali Chareton (www.magalic.fr), auteure d'un photoreportage sur les coulisses d'Organiccocoon.)

Quelle importance accordez-vous aux visuels dans la communication de Organic Cocoon ? Essayez-vous d'adapter vos visuels selon les lieux de publication ?

J'accorde aux visuels une importance capitale dans la communication de Organic Cocoon, car ils permettent d'attiser la curiosité. C'est la première chose que les personnes peuvent apprécier. Les visuels doivent refléter l'image de la marque, l'esthétique et les valeurs.

Je les utilise quasi quotidiennement sur les réseaux sociaux. Instagram est une plateforme parfaite, car c'est dans son identité même de partager des photos. Facebook en second lieu permet d'être complet en diffusant des informations plus professionnelles. Je possède également un compte Twitter mais je l'utilise peu. À la création du site internet Organic Cocoon, j'hésitais à créer un blog, car je me disais que « trop d'information tue l'information ». Finalement, je suis revenue sur ma décision. En effet, le blog ajoute au site une part de spontanéité et d'interactivité. Il introduit un autre contact avec la communauté en traitant de sujets importants comme une nouvelle boutique, un photoreportage, une édition limitée…

Crédit photographique : Magali Chareton
© Organiccocoon

J'essaye d'adapter les visuels en fonction des réseaux. Les grandes photos sont à l'honneur sur le site internet, car le support s'y prête. Le format carré est privilégié pour Instagram (sauf exception). Je suis moins rigoureuse sur Facebook.

Quels sont vos principaux besoins en matière de photographie ?
En tant que créatrice (d'entreprise et de produits), j'ai un besoin constant en photographie que ce soit pour une mise en scène pour les réseaux sociaux, une nouvelle création, un nouveau concept store, une exposition, une demande presse... Cependant, je n'ai ni les compétences ni le matériel adéquat pour pouvoir prendre de belles photos avec la bonne lumière, le bon cadrage, etc. On fait alors appel dans ces moments à notre débrouillardise et à notre flexibilité pour obtenir un rendu acceptable avec le Smartphone.

Est-il important de vous montrer en photo sur le blog Organic Cocoon ? Pourquoi ?
C'est important que je sois présente sur le blog Organic Cocoon au travers du photoreportage, car ma communauté se pose beaucoup de questions sur mon processus de fabrication (certains me demandent même si c'est bien moi qui confectionne mes créations à la main). L'objectif était de mettre en avant le procédé de fabrication des produits. Cependant, il ne me semble pas primordial d'apparaître sur tous les articles, car ce n'est pas ma personne qui doit être mise en avant mais mon travail.

J'aimerais que les photos utilisées sur les réseaux sociaux reflètent l'éthique des matières que j'utilise pour les créations et les valeurs qui me tiennent à cœur. Je souhaiterais qu'au premier coup d'œil, un visiteur voie ma passion, mon savoir-faire et ma créativité.

Crédit photographique : Magali Chareton
© Organiccocoon

Travailler avec un graphiste

Se doter d'une identité visuelle est une étape obligatoire pour tout entrepreneur qui cherche à crédibiliser son activité. Que vous ayez des compétences graphiques ou pas, créer soi-même son propre logo et sa propre charte graphique est loin d'être un exercice facile. Cela suppose en effet une prise de recul, pas toujours évidente à réaliser seul. Heureusement, il existe un grand nombre de graphistes professionnels disponibles sur le marché qui seront ravis de travailler pour et avec vous.

Vous pourrez les trouver via une recherche Google, votre réseau local ou encore sur les réseaux sociaux… Mais voilà, dénicher la perle rare en la matière n'est pas chose facile ! Comment s'y prendre ? Par où commencer ? Comment être sûr de ne pas vous tromper et surtout comment ne pas dépenser une fortune pour un résultat qui ne vous plaira pas ?

BON À SAVOIR : LE CARNET D'ADRESSES DES ENTREPRENEUSES CRÉATIVES

Vous retrouverez sur le carnet d'adresses des Entrepreneuses Créatives une sélection de graphistes ayant l'habitude de travailler avec des business créatifs comme vous.

http ://www.entrepreneusescreatives.com/carnet-dadresses/

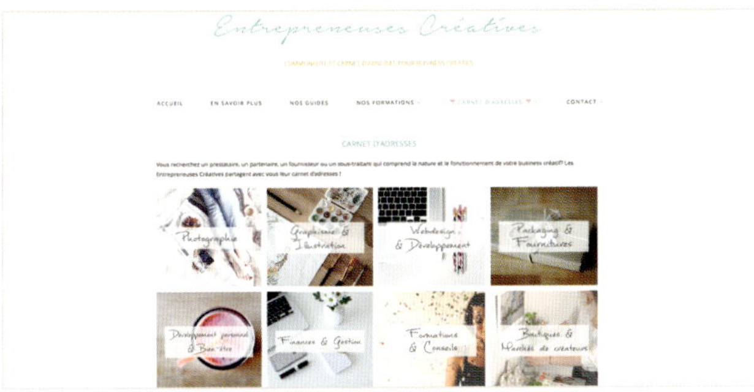

© Les Entrepreneuses créatives

BIEN CHOISIR SON/SA GRAPHISTE

Choisir son ou sa graphiste est une étape clé, mais, devant l'immensité du Web et l'embarras du choix, il y a de quoi perdre pied ! Comprendre le fonctionnement du métier de graphiste et la manière dont ces professionnels envisagent la collaboration avec leurs clients vous permettra d'entamer votre recherche de façon plus efficace.

Commencez par sélectionner trois graphistes dont le travail vous parle et vous plaît le plus : consultez leur site, leur blog, prenez connaissance de leur portfolio. Un univers propre à chacun s'en dégage : couleurs, motifs utilisés mais aussi type de clients accompagnés et de réalisations. Vous devez sentir que le visuel mais aussi la personnalité du prestataire (du moins ce qui en transparaît au travers de l'écran) vous correspondent, vous accrochent.

Une fois cette sélection faite, prenez contact avec les graphistes identifiés. Cette entrée en matière vous permettra d'expliquer votre besoin (ce que vous recherchez et voulez obtenir au final). N'hésitez pas à demander une rencontre ou un échange virtuel par Skype. Rien de mieux en effet que de se parler (en face-à-face ou via une webcam) pour réussir à faire passer son message ! N'oubliez pas de demander à voir les travaux précédemment réalisés, mais interrogez aussi le graphiste sur le type de clientèle auquel il s'adresse, les prix et les délais qu'il pratique.

Il faudra bien aborder la question des tarifs à un moment donné ! Encore une fois : plus vous serez clair et précis sur ce que vous souhaitez obtenir, plus le graphiste pourra vous proposer un prix juste et adapté.

Enfin, faites confiance à votre *feeling* : vous devez vous sentir à l'aise avec lui. Si vous devenez son client, votre graphiste aura pour rôle d'être le partenaire de votre réussite.

LE CONSEIL D'AUDREY ASALINE : « FAIRE CONFIANCE AU COUP DE CŒUR »
Graphiste freelance
asaline.fr/

Quels conseils donneriez-vous à un entrepreneur en recherche d'identité visuelle qui n'a jamais travaillé avec un(e) graphiste ?
Le plus important est de bien décrire son projet, ce que l'on attend du prestataire, le résultat que l'on aimerait, les inspirations que l'on a, le but de la création, la description de son entreprise et de sa clientèle... Il est nécessaire de faire le point posément sur ses attentes et objectifs en amont afin de savoir ce que l'on veut. L'entrepreneur peut même s'exercer à faire un cahier des charges : il s'agit d'un document qui va résumer ses attentes, ses contraintes et impératifs à respecter. Il peut s'agir de notes concrètes (un univers coloré particulier, une taille...) ou plus vagues (doit être chaleureux, féminin...). Tout cela est primordial pour permettre au graphiste de construire une réalisation cohérente en accord avec son univers et ses souhaits. Il n'y a jamais trop d'informations ! L'identité visuelle est vraiment le reflet de la marque, elle doit être une représentation graphique de l'activité bien sûr, mais elle est aussi bien plus que ça, elle doit transmettre ses valeurs, ses objectifs, toucher une clientèle particulière... Un graphiste va réellement vous épauler, vous aider à créer, modeler, dessiner une stratégie efficace de communication. C'est une relation basée sur l'échange et la confiance, qui se nourrit des personnalités et passions de chacun.

Quelles sont les erreurs que vous observez le plus souvent chez vos clients ?
Souvent, ils peuvent s'emballer et vouloir trop de choses à la fois, des motifs différents, plusieurs polices, des couleurs à foison... Mais il faut savoir rester épuré et harmonieux pour une création réussie, ne pas s'éparpiller au risque d'aboutir à un résultat confus. Un bon graphiste saura guider son client pour aller à l'essentiel sans surcharger son identité visuelle afin qu'elle soit parfaitement identifiable et séduisante pour sa clientèle cible. D'ailleurs, une création sobre mais efficace assurera une communication performante et sera beaucoup moins lassante sur le long terme ! Je constate aussi parfois que mes clients ne sont pas tout à fait au point sur leurs besoins et objectifs. Du coup, nous passons beaucoup de temps sur les recherches et croquis de départ, ce qui repousse considérablement les délais de réalisation. Identifier ses attentes permet vraiment de gagner en temps et en efficacité.

Parmi les erreurs assez classiques et courantes, on trouve le client qui demande (souvent inconsciemment !) de faire du copier-coller d'une identité visuelle déjà existante ou encore celui qui pense que graphiste free-lance rime avec travail 24 h/24, jours fériés et week-end compris ! Mais je constate que dans la sphère des business créatifs ces erreurs-là sont rares, car ces professionnels peuvent être confrontés au même type de mésaventures avec leurs propres clients... Mes relations avec les entrepreneurs sont bien souvent emplies d'écoute et de compréhension !

Comment selon vous bien choisir sa ou son graphiste ?
En marchant au coup de cœur ! Le Web permet de découvrir chaque graphiste au-delà de ses compétences techniques. Ainsi, on peut plus facilement s'orienter vers une personne dont on aime le travail et l'univers. Cela facilite grandement les échanges lorsqu'on est sur la même longueur d'onde ! Bien sûr, il faut aussi faire le parallèle entre sa marque et le travail du graphiste : son style sera-t-il approprié pour véhiculer son univers ? Il faut encore penser aux questions pratiques : s'enquérir des délais, demander si les modifications/retours sont illimités (ce qui n'est pas toujours le cas, loin de là !), si la personne pourra s'occuper de l'éventuel suivi si besoin...

N'hésitez pas non plus à interroger votre interlocuteur sur ses compétences ou spécialités : tel graphiste peut être plus orienté Web, un autre plus expérimenté dans l'édition, la typographie...

COLLABORER EFFICACEMENT AVEC SON/SA GRAPHISTE

Une fois le prestataire sélectionné, l'idéal est d'arriver avec un « cahier des charges » déjà réfléchi, avec une idée précise de ce que vous aimez (en termes de graphisme et d'identité visuelle) pour faciliter la tâche de votre futur partenaire. Pour cela, pensez notamment à Pinterest : collectez dans un tableau des logos, des blogs et sites dont vous aimez le graphisme. Le succès de la collaboration entre vous et votre graphiste reposera sur l'échange et le dialogue : plus vous pourrez exprimer clairement ce que vous attendez, plus le résultat sera probant. Vous allez donc former une équipe pendant les quelques semaines de collaboration qui s'ouvrent à vous. Comme dans tout travail d'équipe, la relation au sein de ce binôme fraîchement formé doit être au cœur de vos préoccupations du moment. L'un des pièges est de considérer que toute la charge de travail repose sur votre graphiste. En effet, il ne peut avancer sans la matière première, et c'est à vous de la fournir un peu comme un artisan qui viendrait travailler chez vous et qui aura besoin de vos souhaits et indications pour savoir dans quelle direction partir et quel résultat final vous attendez de lui. Le graphiste est l'artisan de votre identité visuelle mais ne peut travailler sans votre aide. Le dialogue ouvert et la communication sincère sont donc primordiaux et ce dès le début pour éviter tout faux départ. Il est important que votre graphiste saisisse rapidement vos besoins et vos attentes. Son devis prévoit le nombre d'allers-retours que son prix comprend : vous ne pourrez pas lui demander un nombre illimité de modifications (qui lui prendront chaque fois du temps), donc autant l'aider à viser juste dès le départ ! Ce processus peut être assez long, mais il s'agit d'un investissement personnel et financier au service du développement de votre entreprise. Il est important de ne pas sous-estimer l'importance de cette étape et de prendre pleinement conscience de son impact sur le reste de votre activité. Vous afficherez en effet votre identité graphique pendant une grande partie de votre vie d'entrepreneur.

LE CONSEIL DE KIM GOYON : « UN TABLEAU PINTEREST PARTAGÉ POUR DÉGAGER L'AMBIANCE DANS LAQUELLE S'INSCRIT LE CRÉATEUR »
Graphiste freelance
kimgoyon.com

Comment vos clients découvrent-ils votre travail et font-ils appel à vos services ?
À l'heure actuelle, l'immense majorité de mes clients arrive après avoir vu mon travail pour le concept store lyonnais L'Effet Canopée (un lieu dédié à la création regroupant une boutique, un *coffee-shop* et un espace ateliers). Cette

© Kim Goyon

collaboration m'a donné une belle visibilité et a signé le début de mon indépendance professionnelle. Je fais beaucoup de salons et d'événements de réseaux d'entreprise, car je privilégie le contact physique et le bouche-à-oreille.

Comment collaborez-vous avec un nouveau client ?

Avec mes clients, j'ai davantage une relation de coéquipier que de client/prestataire. Au début d'une collaboration, à chaque entretien avec mon nouveau client, je prends des notes, j'isole des mots-clés. À partir de là, je brainstorme. Je fais souvent ce travail avec les clients, car ils arrivent avec un projet qui les inspire et une identité visuelle, c'est très personnel.

Je propose de mettre en place un tableau Pinterest partagé que l'on remplit à deux pendant une quinzaine de jours. On y épingle des visuels de matières, de vêtements… pas seulement des logos, car cela enferme trop. On aboutit à un contenu qui reflète ses influences, et permet de dégager l'ambiance, la mou-

© Kim Goyon

vance dans laquelle s'inscrit le créateur. À partir de là, on dégage trois axes créatifs. Par exemple, pour l'Effet Canopée, ces trois axes étaient art nouveau/végétal/calligraphie. Je travaille sur les trois axes : pour chacun d'entre eux, je propose plusieurs logos. En général, il se produit un coup de cœur pour l'un des logos ou l'un des axes. Pour l'Effet Canopée, on a décidé de travailler sur le thème de la végétation, avec une typo qui monte pour évoquer les arbres.

© Kim Goyon

LE CONSEIL DE MAY LOPEZ : « CRÉER UNE IDENTITÉ VISUELLE, UNE DÉMARCHE QUI NE DOIT RIEN AU HASARD »

Consultante en communication
vie-de-miettes.fr et http://may-lopez.fr

Comment se caractérise l'accompagnement que vous proposez à vos clients ?
Créer une identité visuelle à l'image d'une entreprise ou d'un créateur n'est jamais dû au hasard ou à une formule magique : c'est avant tout un métier avec des règles et des codes. C'est transmettre visuellement un message défini.

Le premier point essentiel est d'échanger et de connaître l'histoire, les objectifs ainsi que les valeurs et les projets de l'entreprise ou du créateur. Il faut aussi accepter le fait que travailler sur une communication va nécessairement demander du temps afin que nos deux univers infusent. C'est le premier point que je souligne lorsque je rencontre un nouveau client. De manière naturelle, on est souvent un peu pressé d'avoir son identité visuelle et on aimerait bien pouvoir la créer en quelques jours. Si, techniquement, c'est possible, je le déconseille toutefois toujours.

J'ai l'habitude de diviser en six étapes la construction d'une identité visuelle et des livrables associés. Il est très rare que je fabrique « juste » une identité visuelle. J'ai l'habitude d'accompagner mes clients de manière globale : en amont pour les aider à définir leur identité et formaliser leur besoin, pour créer leur identité visuelle, pour la décliner ensuite sur divers supports (Web et papier) et enfin pour leur apprendre à communiquer avec celle-ci.
C'est d'ailleurs ce qui me plaît le plus : créer un univers cohérent, créatif et global où rien n'est laissé au hasard. La communication doit refléter les valeurs, l'histoire et la personnalité de l'entreprise ou du créateur pour lequel je travaille. Je ne confectionne que des communications sur mesure et à la façon d'un artisan. Je suis persuadée qu'une communication réussie crée de belles émotions. Elle émeut, surprend, prend vie. Elle est unique et doit avant tout ressembler à mon client. Dans cette logique, le sens des détails et des finitions me semble essentiel. Je dis d'ailleurs que c'est souvent dans les détails que l'on trouve l'ADN d'une marque.

Quelles étapes suivez-vous pour élaborer une identité visuelle ?
Je définis, tout d'abord, avec mon client son besoin, ses envies, ainsi que ses objectifs et ses priorités. Il est essentiel de ne pas sauter d'étape et de faire les choses dans l'ordre. Je segmente les différentes composantes de la communication et des livrables : d'un côté l'atmosphère graphique, l'aspect visuel et bien sûr le logo ; de l'autre l'architecture, l'ergonomie, les fonctionnalités du site web et/ou des documents imprimés. On travaille ces deux dimensions séparément. Diviser le travail en plusieurs étapes permet d'impliquer mon client tout au long du processus créatif. Une fois l'ergonomie et l'identité visuelle définies et validées, on imagine les maquettes graphiques et les déclinaisons imprimées. La dernière étape est plus technique : on développe le site web et on prépare les fichiers à imprimer.

Voici les étapes :
1. *On fait connaissance*. Tout d'abord, je pose toujours quelques questions (beaucoup) : les réponses me permettent de connaître un peu mieux les goûts, les envies, les besoins et les rêves de mon client. J'envoie généralement un questionnaire que je complète avec une rencontre autour d'un thé. Si mon client est un peu éloigné, je privilégie Skype. La distance n'est jamais un problème. J'ai d'ailleurs peu de clients dans ma ville. J'insiste toujours, et dès

le départ, sur le fait qu'il n'y a jamais de bonnes ou de mauvaises réponses : on apprend juste à se connaître. Mon travail est de donner forme et de faire prendre vie à ces réponses souvent encore un peu floues.

2. *L'atmosphère graphique*. Une fois que l'on a défini nos objectifs et nos valeurs, on réfléchit ensemble sur l'atmosphère graphique : quelle ambiance retranscrire ? Quel message et quelles valeurs transmettre ? On travaille alors sur les couleurs, les matières, les polices. On réfléchit à l'image que l'on veut transmettre. On dessine des planches de tendances, on imagine des *personas* (personnes fictives qui représentent la cible de la marque NDA). On tâtonne et tout doucement, on fabrique un univers unique.

3. *Les fonctionnalités/squelettes des pages*. On travaille ensuite sur les *wireframes* : les squelettes de différentes pages du site ou des documents à créer. On liste tout d'abord tout le contenu, textuel et iconographique. On le situe ensuite sur la page à partir des *wireframes*. On fera autant de squelettes qu'il y aura de maquettes.

4. *Les maquettes graphiques et les documents imprimés*. Une fois ces étapes validées, on imagine les maquettes graphiques, et les déclinaisons imprimées s'il y en a. C'est un travail d'assemblage créatif. Et puis, comme à chaque étape, on valide le tout ensemble.

5. *L'intégration/développement des maquettes*. Enfin, arrive le travail d'intégration, à ce niveau-là, mon client ne s'occupe plus de rien et peut se reposer. On intègre les maquettes pour les rendre bien réelles sur le Web. Je prépare également les documents à imprimer, le cas échéant.

6. *La livraison*. Quelques semaines, parfois quelques mois après – en fonction de l'ampleur du projet –, le site et les documents imprimés sont livrés. Si cela me semble nécessaire, je prépare un tutoriel pour la prise en main du site web. Dans tous les cas, la mise à jour est toujours la plus simple possible.

Voilà, c'est déjà terminé. Je donne les clefs à mon client et je reste toujours, à l'image d'une marraine bienveillante, tout à côté, pour les questions, les retours et les sourires.

Par ailleurs, quels sont les points auxquels vous êtes attentive dans votre collaboration avec vos clients ?
Trois éléments me semblent essentiels pour que nous partions sur de bonnes bases et que nous soyons sereins tout au long du projet. Ils permettent de partager le même référentiel et de fonctionner selon des règles claires. Tout d'abord, une fois que nous avons défini précisément le besoin, j'établis un premier devis détaillé accompagné d'un calendrier prévisionnel. Deuxièmement, les conditions générales de prestation de service servent à définir les règles du jeu, et plus précisément les conditions de réalisation de la prestation, les responsabilités de chacun, ainsi que les modalités de paiement. Et, durant la collaboration, je communique plusieurs livrables, définis dans le devis. À chaque rendu, le client les valide. On ne passera jamais à l'étape suivante sans son accord préalable. C'est essentiel.

© Vie de miettes – Crédit photographique : Émilie Massal

À la toute fin du travail, on signe un procès-verbal de recette. Derrière ce mot barbare se cache juste un petit papier pour dire officiellement que le client a bien reçu les différents livrables, qu'ils sont conformes à ce qui a été défini au moment de la signature du devis, et que nous avons fini notre collaboration (et qu'il est l'heure de sabrer le champagne !).

Quels sont les clients et projets qui vous ont le plus marquée et pourquoi ?
C'est difficile de choisir seulement trois projets. Chaque projet m'apporte son lot de surprises, de créativité et de rencontres. Si je ne devais en garder que trois, je dirais sûrement :

⇢ Les éditions de Saxe (lejournaldesaxe.com et www.edisaxe.com). Je suis arrivée au sein des éditions de Saxe il y a un peu plus d'un an et demi pour les aider au sein de leur communication, notamment en ligne. On a travaillé main dans la main. On a commencé par faire le point sur leur communication actuelle et sur leurs besoins. L'objectif était alors de dynamiser la communauté, notamment en ligne, et d'harmoniser la communication. À partir de là, on a créé le journal de Saxe et collaboré avec des blogueuses créatives et talentueuses. J'ai également travaillé sur la refonte graphique de la boutique, créé un agenda et imaginé un magazine. C'est une aventure créative incroyable !

⇢ My Sweet Boutique, accessoires de décoration pour fêtes et cérémonies (mysweetboutique.fr) : Requia et Cathy m'ont totalement fait confiance pour la refonte graphique et la migration de leur site il y a trois ans. C'était un projet un peu fou. On avait alors très peu de temps avant la saison des mariages. On a migré de Bigcartel à Prestashop (solutions de création de sites e-commerce). On a revu complètement la charte graphique et imaginé un logo. On a travaillé sur une expérience utilisateur à la fois ludique, intuitive et joyeuse. Depuis, on travaille toujours main dans la main sur la maintenance de leur e-shop. J'imagine régulièrement des créations que l'on propose ensuite sur la boutique. C'est une jolie collaboration : à la fois humaine, passionnée et créative !

⇢ Papilles et Pupilles (papillesetpupilles.fr) : j'ai rencontré Anne en Australie. Toutes les deux, c'est avant tout une belle amitié. Quand Anne m'a proposé de travailler sur la refonte graphique et ergonomique de son site, j'ai tout d'abord eu un peu peur. C'était la première fois que je travaillais sur un site avec autant de visibilité (plus de 2,5 millions de visiteurs par mois !). Alors, on a fait les choses dans l'ordre. On a réfléchi aux envies d'Anne et aux limites de sa communication actuelle. On a fait des tests utilisateur. On a vraiment pris le temps. Je crois que nous sommes arrivées à un nouveau site qui lui ressemble que cela soit en termes d'ergonomie ou de graphisme. Les retours enthousiastes m'ont beaucoup rassurée et m'ont transmis une énergie folle !

IV

PROTÉGER SA MARQUE ET SES CRÉATIONS

AU PROGRAMME

VISIBILITÉ ET PROTECTION

Arrivé au terme des trois premiers chapitres de cet ouvrage, vous l'avez sûrement compris : créer, faire vivre et développer une marque forte, réellement distinctive, mémorisable, demande un investissement réel, en temps et en argent.

Ce travail de longue haleine en vaut toutefois la chandelle, car il contribuera à asseoir la visibilité et la notoriété de vos produits ou services, donc le succès de votre activité.

Et comme nous l'avons souligné dans le premier chapitre, une marque bien installée peut même devenir un actif de votre entreprise, qu'il est possible de vendre, louer, apporter en société, mettre en gage...

Cependant, mal protégée, une marque peut très facilement perdre sa valeur ou se voir purement et simplement détournée par des concurrents, qui profiteront alors des efforts menés pour la faire connaître et la développer.

Cette protection passe essentiellement par des actes juridiques, tels que le dépôt de la marque et des modèles, effectué auprès de l'Inpi (Institut national de la propriété intellectuelle). Pour autant, il ne faut pas négliger le rôle de votre communication dans la valorisation et la défense du nom que vous avez choisi pour votre activité. Plus votre marque est connue et reconnue, plus votre clientèle aura à cœur de posséder l'original et non la copie.

La propriété intellectuelle et le rôle de l'Inpi

La propriété intellectuelle est une discipline qui regroupe la propriété industrielle et la propriété littéraire et artistique. Elle sert à protéger les créations intellectuelles, à récompenser l'effort des innovateurs en leur permettant de disposer d'un monopole d'exploitation de leur création pendant un temps donné.

Au sein de la propriété industrielle, on trouve la protection des inventions techniques (brevets), des créations ornementales (dessins et modèles), ainsi que des signes distinctifs : les marques, mais aussi les dénominations sociales, les enseignes, les noms commerciaux, les noms de domaine ou encore les appellations d'origine.

La propriété littéraire et artistique, elle, concerne le droit d'auteur (qui s'applique aux créateurs d'œuvres littéraires, musicales, graphiques, plastiques... ainsi qu'aux créateurs de logiciels) et les droits voisins (interprétation/reproduction de l'œuvre).

Si le droit d'auteur s'acquiert sans formalité particulière (il s'applique de fait, dès la création de l'œuvre), les droits de propriété industrielle s'acquièrent généralement par un dépôt (marque, dessin et modèle, brevet), et parfois par l'usage (nom commercial, enseigne).

Ce dépôt s'effectue auprès de l'Institut national de la propriété intellectuelle (inpi.fr). Cet établissement public, placé sous la tutelle du ministère chargé de l'Économie, enregistre et délivre les titres de propriété industrielle, accueille, informe et assiste les innovateurs dans leurs démarches et participe à la lutte contre la contrefaçon. Les formalités se font soit auprès d'une antenne locale, soit directement en ligne. Ces procédures administratives restent simples et relativement peu coûteuses.

LE TÉMOIGNAGE DE CÉLINE FAVRE : « UNE PROCÉDURE FACILE, EFFECTUÉE DÈS LE LANCEMENT DE MON ACTIVITÉ »

Créatrice de la marque de kits créatifs, papeterie et accessoires sérigraphiés Poussière des rues
www.poussieredesrues.fr

Dès le lancement de mon activité, j'ai déposé ma marque, sans me poser de question quant au bien-fondé de la démarche. En effet, l'une de mes amies avait commencé à vendre ses créations sous une marque qu'elle n'avait pas enregistrée. Elle a été attaquée en justice par une autre marque, qui l'accusait de contrefaçon. Elle a dû changer de nom et cela lui a occasionné d'importantes dépenses entre les frais de justice et les frais de changement de nom. Sans compter les retombées commerciales liées à la mésaventure…

© Poussière des Rues

J'ai bénéficié d'un rendez-vous très utile avec un conseiller de l'Inpi qui m'a guidée dans la procédure, que j'ai trouvée très facile. Désormais, je surveille régulièrement via Google que mon nom n'est pas utilisé par d'autres. Ce qui m'embêterait, ce serait qu'une marque puissante dépose un nom proche du mien.

Comment bien protéger sa marque

Si les entrepreneurs qui ont pris en charge eux-mêmes le dépôt de leur marque s'accordent à décrire la procédure comme rapide et aisée, il ne faut pas sous-estimer les pièges de la propriété intellectuelle. Notamment ceux liés à la recherche d'antériorité, qui consiste à vérifier que le nom choisi n'est pas identique ou trop proche de celui d'une marque existante dans votre domaine d'activité.

En effet, cette étape est cruciale et pourtant souvent négligée ou mal effectuée par les porteurs de projets. C'est ainsi que le créateur risque de se retrouver, après plusieurs mois d'exploitation de son nom (et souvent d'importantes dépenses en communication pour lancer sa marque), attaqué en justice par une marque antérieure lui demandant purement et simplement de changer de nom.

Il est donc recommandé, pour sécuriser la procédure de dépôt, de faire appel à un prestataire spécialisé, un juriste Conseil en Propriété Industrielle, à même de vous aider à trouver un nom protégeable et à le défendre efficacement. Ce n'est pas forcément une démarche hors de prix : certains prestataires, comme Claire Yam, CPI à Lyon (voir interview ci-après), s'adressent spécifiquement à un public d'entrepreneurs.

LE CONSEIL DE CLAIRE YAM : « MIEUX VAUT DÉPOSER SON NOM LE PLUS TÔT POSSIBLE, DÈS QU'IL EST POTENTIELLEMENT VISIBLE »

Conseil en Propriété Industrielle (CPI) à Lyon

www.depot-de-marque.com

Comment accompagnez-vous les entrepreneurs et porteurs de projet désireux de protéger leur marque ?

Je suis Conseil en Propriété Industrielle (CPI) : c'est un titre réglementé, obtenu après un examen de qualification passé auprès de l'Inpi. Je conseille les entreprises sur la protection des marques, des dessins et modèles, et des brevets. J'ai créé le site depot-de-marque.com ainsi qu'un blog d'information, sur lequel je propose des fiches et des conseils pratiques.

J'étudie les projets de marque des entreprises, afin d'évaluer si elles sont déposables ou non. Je réalise des recherches d'antériorités pour vérifier si la marque est disponible et je rédige le libellé de marque (liste de produits et/ou services couverts par la marque) sur mesure. Un libellé bien rédigé assure à une marque d'être en général plus solide que 95 % de ses concurrents. Ensuite, je m'occupe des formalités de dépôt et du suivi de la procédure : je réponds aux objections de l'Inpi le cas échéant. Enfin, je rappelle la date de renouvellement à l'expiration de la marque (après dix ans).

Je propose également un service de surveillance de marque afin d'empêcher des marques ultérieures trop proches d'être enregistrées. Dans un tel cas, il existe une procédure d'opposition, rapide et peu coûteuse, qui peut être mise en œuvre dans les deux mois qui suivent la publication d'un dépôt litigieux. Si on laisse passer ce délai, on ne peut contester le dépôt qu'en justice, ce qui est plus cher et beaucoup plus long. Il vaut donc mieux mettre en œuvre cette stratégie de défense.

La veille permet également de savoir ce qui se passe autour de son nom de marque, notamment de vérifier si nos concurrents ne s'inspirent pas de notre stratégie de marque.

Est-il toujours nécessaire de déposer sa marque ?
Une marque, c'est d'abord un titre de propriété industrielle, un monopole d'exploitation sur un nom et/ou un logo, un droit qui permet de s'opposer à quelqu'un qui voudrait copier ce nom/logo dans le même domaine d'activité ou un domaine proche.

Elle est un signe distinctif, qui permet de différencier ses produits de ceux d'un concurrent. Si la marque n'est pas suffisamment distinctive (le nom choisi décrit les services/produits, NDA), alors il ne faut pas la déposer, car elle sera refusée par l'Inpi. Par exemple, le site venteprivee.com avait vu en 2013 son dépôt de marque annulé pour défaut de caractère distinctif.

Par ailleurs, en fonction de l'ampleur du projet, il n'est pas forcément nécessaire de déposer une marque. Mais dès qu'une présence en ligne est envisagée, il vaut mieux le faire. On peut enfin tout à fait décider de ne déposer la marque qu'une fois qu'on s'est assuré du succès de son projet. Mais on prend toujours le risque qu'un tiers ait déposé la marque avant nous. En France, le premier qui dépose a raison (sauf dépôt de mauvaise foi).

Un dépôt de marque ne représente pas un gros investissement : mieux vaut déposer son nom le plus vite possible, dès qu'il est potentiellement visible.

L'intérêt d'une marque est d'être à la fois un bouclier et une épée :
→ un bouclier (stratégie défensive), car à partir du moment où on a déposé le premier, un concurrent postérieur ne peut pas nous empêcher d'utiliser la marque ;

→ une épée (stratégie offensive), car on peut empêcher un concurrent postérieur d'utiliser le même nom ou une marque proche.

Par ailleurs, lorsqu'on exploite un nom, il existe toujours le risque d'être attaqué par de grandes entreprises qui détiennent des droits sur des noms proches. L'avantage de déposer sa marque est que l'on effectue une recherche d'antériorité, qui permet de repérer les noms proches et de procéder à une analyse de risques : qui a déposé le nom, est-il utilisé, etc.

Enfin, si la marque n'est pas déposée, il est beaucoup plus difficile de la défendre. On peut éventuellement intenter une action au civil en concurrence déloyale (actes de la part d'un concurrent dans le but de récupérer le bénéfice d'investissements faits par le plaignant). Mais il faut alors prouver un préjudice et le lien de cause à effet. On peut également attaquer en parasitisme si l'adversaire a détourné la clientèle à son profit.

Comment choisir puis protéger efficacement son nom de marque ?
Le critère le plus important pour le choix du nom, c'est la *distinctivité*. Souvent, on voit des marques qui décrivent le service, le produit ou l'une de ses caractéristiques, car les porteurs de projet veulent que l'on comprenne leur

activité grâce à leur nom. Juridiquement, c'est une très mauvaise idée. Pensez à Apple, Levi's : ces noms très connus n'ont aucun lien avec les produits.

Une marque forte d'un point de vue juridique, c'est un nom distinctif (donc arbitraire), que je peux défendre, et un nom disponible.

Si l'on choisit un nom qui n'est pas disponible, alors on prend le risque de se faire attaquer, ce qui entraînerait des frais pour redéposer une marque, mais aussi des conséquences financières potentielles comme la perte des investissements en communication (site internet, référencement, cartes de visite, plaquettes), les frais de justice si on est attaqué en contrefaçon, la destruction éventuelle des produits portant la marque, les dommages et intérêts dus à la partie adverse si l'on est condamné...

Si l'on est uniquement attaqué devant l'Inpi, dans une procédure d'opposition, la seule conséquence est le rejet de la marque, il n'y a pas de somme à verser à l'adversaire. Mais en justice, cela peut revenir beaucoup plus cher.

Beaucoup d'entrepreneurs pensent que seules les marques identiques antérieures posent problème. Alors que c'est beaucoup plus large ! Les noms antérieurs proches (et non seulement identiques) peuvent constituer un obstacle à l'enregistrement d'une marque. On apprécie la proximité visuelle, phonétique et intellectuelle entre les marques en cause pour définir s'il existe un risque de confusion pour le consommateur. Exemples : Car2Rent/Car2Go, Applice/Applyss, Asco/Ascoh, Kinesio/Artkinesio, Augustiner/Augustin biodynamie, Silesia/Lesia, Valeo Santé Prévoyance/Valoservices, Actimag/Actima, Repsol/Rexol...

Par ailleurs, les marques ne sont pas les seuls droits antérieurs opposables à un nouveau dépôt : il y a aussi, notamment, les noms de domaine et les dénominations sociales (noms de sociétés).

À *noter* : pendant cinq ans, il est possible d'opposer la marque pour tous les produits ou services pour lesquels elle a été déposée, même si elle n'est pas exploitée. Au-delà de ce délai, la marque est soumise à obligation d'usage.

Comment protéger également son logo ?
Les cas de conflits sur les logos sont rares, car les entreprises les surveillent moins. Et la notion de ressemblance est très subjective. Là encore, le logo ne doit pas être descriptif. Si je suis producteur de pommes et que mon logo est une pomme, il n'est pas déposable.

Une marque peut être verbale (le nom seul, sans élément graphique), figurative (un élément graphique seul, sans mot) ou semi-figurative (une combinaison de mot et d'élément graphique). L'avantage de la marque verbale est que l'essentiel (le nom) est protégé, sous n'importe quelle forme graphique. On conseille donc en priorité le dépôt d'une marque verbale, à condition qu'elle soit suffisamment distinctive. En revanche, si la marque verbale est descriptive, le logo pourra apporter de la distinctivité.

Attention : il faut toujours utiliser sa marque telle qu'elle a été déposée. Si le logo est déposé, alors on ne peut pas le modifier.

Le droit d'auteur s'applique sur le logo, s'il est suffisamment original. Il vaut mieux faire deux dépôts distincts si l'on tient à déposer son logo. Pour profiter du droit d'auteur, il suffit de pouvoir dater la création, que cela soit via une enveloppe Soleau (voir page 132), l'envoi d'une lettre recommandée à soi-même, un échange de mails ou une preuve de mise en ligne.

À noter : le graphiste qui crée le logo doit céder (gratuitement ou non) les droits patrimoniaux sur sa création (droit de reproduction ou de représentation de l'œuvre sur différents supports). Souvent, il l'indique via une ligne sur la facture, mais, pour que la cession soit valide aux yeux de la loi, il vaut mieux un contrat écrit.

Quelle est concrètement la démarche à suivre pour déposer sa marque ?
La première étape consiste à faire, sur les différents noms envisagés, une première recherche d'antériorité à l'identique sur le site de l'Inpi, mais aussi à vérifier les noms de domaine via un moteur de recherche ainsi que les dénominations sociales sur le site societe.com. Cette première recherche permet de dresser une *short-list*, sur laquelle il faut procéder à une recherche de similarités. Elle peut se commander directement à l'Inpi pour 50 €, mais

les résultats sont généralement nombreux et difficiles à analyser seul. Il vaut mieux faire appel à un CPI pour analyser correctement les marques similaires, car le raisonnement juridique qu'on leur applique est complexe et l'appréciation du risque de confusion est subjective. L'expérience et une bonne connaissance des décisions antérieures de l'Inpi sont nécessaires pour effectuer cette démarche.

L'étape suivante consiste à analyser son activité avec précision afin de déterminer les classes de produits et services dans lesquelles déposer. Il n'est pas facile de s'y retrouver dans les libellés des classes : par exemple, des services comme la mise en relation n'y apparaissent pas. Il faut viser suffisamment large pour couvrir les activités actuelles et futures, car on ne peut pas, par la suite, élargir le libellé d'une marque.

Enfin, il faut rédiger son propre libellé, sans reprendre tels quels les libellés proposés. Les libellés prérédigés de l'Inpi sont en général à proscrire, car ils sont trop larges et ne visent souvent pas l'activité précise du titulaire, qui peut alors se retrouver sans protection.

Une fois ces étapes effectuées, on procède au paiement, puis on reçoit un numéro de marque. Trois à six semaines plus tard, elle est publiée. Il arrive que l'on reçoive une notification d'irrégularité matérielle. Celle-ci comporte le numéro de téléphone de l'examinateur qui a étudié notre dépôt, il ne faut pas hésiter à l'appeler.

À partir de la date de publication, s'ouvre une période d'opposition de deux mois. Cela signifie que les titulaires de marques antérieures peuvent s'opposer à l'enregistrement de la marque et tenter d'obtenir son rejet total ou partiel. Si cela se produit, alors il faut envisager avec son conseil les actions possibles. On peut se défendre dans un premier temps devant l'Inpi, qui statue sur l'opposition. Sa décision peut faire l'objet d'un recours devant la cour d'appel.

Si la marque ne fait l'objet d'aucune opposition, alors au bout de six mois environ après le dépôt, le titulaire reçoit un certificat d'enregistrement valable dix ans.
Au bout de ce délai de dix ans, il faut renouveler son dépôt. La procédure se

fait en ligne, moyennant le paiement d'une taxe de recouvrement. Si on laisse passer la date, on bénéficie tout de même d'un délai de grâce de six mois, moyennant le paiement d'une surtaxe. À l'occasion du renouvellement, il est possible de réduire la protection, mais pas de l'étendre.

En cas de découverte d'une copie de sa marque, comment réagir ?
La contrefaçon est le terme juridique pour parler d'une atteinte à un droit de propriété intellectuelle. Si l'on dispose d'un tel droit (marque, dessin et modèle, brevet ou droit d'auteur), on peut engager une action en contrefaçon devant le tribunal de grande instance si on estime qu'on a été copié.

Si l'on ne dispose pas de l'un de ces droits (lorsqu'on utilise une marque ou un modèle sans l'avoir déposé), on peut toujours tenter une action en concurrence déloyale, basée sur la responsabilité civile de droit commun. Il faut alors prouver la faute de l'adversaire, un préjudice subi et un lien de causalité entre les deux.

D'une manière générale, avant toute action, on peut faire parvenir une mise en demeure par l'intermédiaire d'un juriste, demandant d'arrêter l'atteinte. Cela suffit parfois à faire cesser l'atteinte. Il est toujours préférable de tenter de régler un litige à l'amiable plutôt que devant les tribunaux. Par ailleurs, utiliser la procédure d'opposition devant l'Inpi coûte 310 €, alors qu'une action en justice s'élève au minimum à 5 000 € environ.

Le dépôt d'un droit de propriété industrielle est également utile pour dissuader d'éventuelles copies : la seule mention de l'existence de ce droit (marque enregistrée, modèle n° x, brevet n° x...) démontre l'intention du titulaire de protéger ses créations et de les défendre.

Par ailleurs, même si certaines créations sont protégées par le droit d'auteur, il faut pouvoir prouver la date de création. S'envoyer à soi-même un courrier recommandé avec accusé de réception coûte 4 € et permet de négocier ensuite.

BON À SAVOIR : L'ENVELOPPE SOLEAU

Cette enveloppe est proposée par l'Inpi au prix de 15 € l'unité. Elle n'est pas un titre de propriété industrielle et ne permet donc pas d'attaquer en contrefaçon. En revanche, en cas de litige, elle permet de prouver de manière simple la date de création d'une œuvre ou modèle protégé par le droit d'auteur. Et par exemple d'engager une action en concurrence déloyale.

Elle se présente comme une enveloppe à deux compartiments, dans laquelle on glisse les éléments à protéger (texte, reproductions… avec un maximum de sept feuilles A4 par compartiment). À sa réception, elle est perforée par l'Inpi, ce qui permet de dater le dépôt.

LE TÉMOIGNAGE DE CÉCILE HATTÉ : « UN CONTRAT AVEC UNE AVOCATE QUI EFFECTUE UNE VEILLE MENSUELLE »

Créatrice de Marcel & Lily

marceletlily.fr

J'ai déposé ma marque quelques mois après avoir lancé le site. J'avais vérifié dans la base de données Icimarques : il n'y avait pas de « Marcel & Lily », tout semblait donc bon. À l'été 2016, quelques jours avant la fin du délai d'opposition, j'ai reçu une lettre recommandée de l'Inpi : une marque danoise de robes de cérémonie faisait opposition au dépôt de ma marque. Paniquée, j'ai fait appel à une avocate spécialisée qui a réussi à trouver un arrangement à l'amiable. Le lendemain, une autre marque, française et connue, faisait également connaître son opposition. L'affaire a duré un an avant de trouver une issue.

Très rapidement après le lancement de ma marque, j'ai également été confrontée à des copies de mes créations : des personnes sur Alittlemarket ont commencé à vendre la même chose que moi. J'ai également eu des distri-

© Marcel & Lily

buteurs qui ont copié certains produits, et même un grossiste qui a trompé certains de mes revendeurs qui pensaient qu'il s'agissait de mes créations.

Désormais, j'ai un contrat avec une avocate qui effectue pour moi une veille mensuelle pour surveiller les plagiats. Dès que moi-même j'ai des informations qui remontent, je les lui transmets et elle s'occupe de tout. Cela représente un budget non négligeable, mais indispensable.

Protéger ses créations

Le nom de sa marque et son logo ne sont pas les seuls éléments qu'il est possible de protéger contre la copie. Le dépôt d'un dessin et modèle permet ainsi de protéger l'aspect esthétique d'un produit et d'interdire sa reproduction.

Les dessins et modèles sont protégés pour cinq ans, délai renouvelable quatre fois (soit vingt-cinq ans maximum de protection). Il n'est pas possible de déposer un modèle qui existe déjà ou qui a déjà été divulgué depuis plus d'un an.

La procédure se fait via un formulaire en ligne sur le site de l'Inpi : il suffit de charger les images de la création que l'on souhaite protéger en faisant attention qu'il s'agisse bien d'un seul objet (il ne faut pas photographier la création à protéger avec des éléments de mise en scène ou sur un fond à motifs). Le coût est de 39 € + 23 € par image.

Il existe une procédure de dépôt simplifié pour les créateurs de mode, qui leur permet de déposer jusqu'à cent modèles différents dans un seul dépôt.

LE TÉMOIGNAGE DE JULIETTE COLLET : « J'AI LA CHANCE DE POSSÉDER UNE COMMUNAUTÉ IMPORTANTE QUI M'ALERTE RÉGULIÈREMENT SUR LES COPIES »

Créatrice de la marque Zü, accessoires textiles et papeterie

zu-boutique.com

J'ai déposé ma marque à l'Inpi ainsi que tous mes modèles de coussins. C'est un peu coûteux, mais essentiel. J'ai la chance d'avoir une communauté assez importante : quand une personne découvre une copie sur un site, blog ou autre, elle

© Zü

m'envoie un e-mail pour me le signaler. Il m'arrive également de taper des mots-clés sur Internet afin de « surveiller » de temps en temps s'il n'y a pas de nouveau produit ressemblant ou plagiant mes modèles.

Il y a plusieurs cas de figure. Le premier étant les personnes qui surfent sur le Net, sur des sites comme Pinterest ou sur les blogs et refont des modèles pour leur propre décoration, ou pour les offrir. Dans ce cas-là, étant donné que la personne n'en fait pas un commerce, ça ne me gêne pas vraiment (je préfère évidemment qu'elle cite ma marque).

L'autre cas de figure est celui des grandes enseignes ou même des créatrices (enfin, soi-disant « créatrices ») qui reprennent un de mes modèles ou un concept que j'ai créé pour le vendre. Je prends alors les choses en main en leur envoyant un mail et également un message via Facebook ou le blog, pour être sûre que mon message soit lu. Si la personne ne réagit pas, j'envoie un second message stipulant que je ferai appel à mon avocate et je lance une procédure si la personne nie le plagiat et continue à vendre le produit.

© Zü

LE TÉMOIGNAGE DE DOROTHÉE VANTORRE : « MA PRIORITÉ EST DE CRÉER, SANS ME LAISSER OBNUBILER PAR LA CONTREFAÇON »

Créatrice des bijoux Les folles marquises
lesfollesmarquises.com

En 2014, vous avez raconté sur votre blog avoir dû faire face à la contrefaçon d'une de vos créations. Vous avez alors réagi de plusieurs manières : plainte contre le grossiste qui diffusait la broche contrefaite, signalement à la répression des fraudes et aux douanes, procédure de mise en demeure via une avocate en propriété intellectuelle. Quels ont été les résultats de ces démarches ? Et quelles leçons cette expérience vous a-t-elle apprises ?
Fin 2015, j'ai appris que l'enquête était désormais suivie par le parquet de Paris et que cela déboucherait peut-être sur un procès. Mais quand ? Je n'ai pas eu de nouvelles depuis.

Dans ce genre d'histoires, il faut être réactif et s'adresser aux personnes compétentes. J'ai la chance de connaître maintenant une avocate spécialisée en propriété intellectuelle.

Si c'était à refaire, je ne lancerais pas plusieurs procédures en même temps : je privilégierais la procédure à l'amiable à la voie judiciaire, très lente.

On est très peu informé à ce sujet et quasiment impuissant, quand on a une petite entreprise et pas un bataillon de juristes à sa disposition ! Depuis, pleins d'autres histoires de copie de « petits » créateurs par de grandes entreprises ont été révélées, plus ou moins médiatisées. Les réseaux sociaux donnent aujourd'hui un nouveau moyen de défense aux artistes.

Avez-vous été confrontée, depuis, à d'autres problèmes de copie ?
Je suis régulièrement confrontée à des problèmes de copie de la part de petites créatrices sans imagination (les Poupées sont décidément victimes de leur succès...), mais cela ne prête pas à conséquence, comparé à la contrefaçon à grande échelle dont j'ai été victime en 2014. Quand je tombe sur une copie de ce genre ou qu'on me la signale (j'ai des « fans » vigilants, merci à eux !), j'envoie un message pour demander le retrait des produits de la vente, sinon cela ouvre la voie à plus de copies.

© Les folles marquises

Votre marque est-elle déposée auprès de l'Inpi ? Et tous vos modèles sont-ils protégés ?

J'utilise le nom Les folles marquises depuis 2008, mais j'ai déposé ma marque relativement tard, en 2014, un an après avoir créé mon entreprise sous sa forme actuelle. Je l'ai fait au bon moment, puisque peu de temps après, quelqu'un a voulu déposer une marque au nom similaire (à deux lettres près) pour vendre des bijoux. Avoir une marque déposée à l'Inpi m'a permis d'empêcher cela.

Je dépose régulièrement mes modèles à l'Inpi, avant toute publication ou diffusion publique, grâce à l'enveloppe Soleau. Cette enveloppe établit une preuve d'antériorité en cas de litige porté devant un tribunal ou un huissier, elle n'empêche pas la copie. Protéger ses créations devrait être systématique. Si je n'avais pas eu l'enveloppe Soleau dans mon histoire de contrefaçon, je n'aurais eu aucun moyen de prouver mes dires. Pire, le contrefacteur aurait pu se retourner contre moi...

Comment organisez-vous votre veille autour de votre marque et de vos créations ? Faites-vous appel à un juriste ?
Ma veille est ultrabasique, je fais régulièrement des recherches sur Google. Ma priorité actuelle est avant tout de continuer à avancer et à créer. Il ne faut pas se laisser obnubiler par la contrefaçon, car cela demande du temps et de l'énergie, et il y a déjà tant à faire quand on a sa propre entreprise !
La mienne étant en plein essor, je ferai probablement appel à un juriste à l'avenir.

À gauche : l'original, à droite : la contrefaçon.
© Les folles marquises

Les bonnes adresses

SUR LA FORME

Pour créer votre marque et votre identité graphique, nous vous recommandons de travailler avec des professionnels eux-mêmes entrepreneurs, qui comprendront votre problématique pour l'avoir vécue également.
Travailler avec des entrepreneurs et entrepreneuses qui possèdent la même sensibilité que vous est primordial. C'est pourquoi nous avons créé notre Carnet d'adresses sur le site des Entrepreneuses Créatives. Encore jeune, ce répertoire a pour vocation de mettre en avant des prestataires dont les offres s'adressent en priorité aux small business. Ils peuvent notamment vous accompagner pour la concrétisation de votre identité visuelle (rubriques Graphisme & Illustration, Webdesign & développement, Photographie, Packaging et fournitures).

www.entrepreneusescreatives.com/carnet-dadresses
(voir page 109)

SUR LE FOND

Pour travailler sur le positionnement de sa marque, ses valeurs, ses messages, son storytelling… il peut être utile de solliciter un regard et des compétences externes. Nous accompagnons régulièrement des entrepreneurs dans leur stratégie de création ou de refonte de leur marque.

sophiecharlottechapman.com
www.cousetteentrecopines.com

CÔTÉ IMPRESSION

Il existe de nombreux services d'impression en ligne. Bien connus des small business, le site Moo propose des formats originaux et délivre sur son blog et sa newsletter des conseils relatifs à la création de marque et à la communication.

www.moo.com

Pensez également à vous renseigner auprès de vos imprimeurs locaux, susceptibles de vous proposer des tarifs concurrentiels et une réponse à l'ensemble de vos besoins en matière de supports de communication voire de packaging.

POUR LES FORMALITÉS

Le site de l'Inpi est très riche en informations sur les démarches à entreprendre pour protéger sa marque et ses créations et permet d'effectuer ces formalités en ligne.

www.inpi.fr/fr

Pour des conseils sur le dépôt de marque ou un accompagnement juridique, le site Dépôtdemarque.com propose des forfaits pensés pour les small business.

depot-de-marque.com

Chez le même éditeur

S.-C. Chapman et S. Franchet, *Vendre et mettre en avant ses créations,* 3e édition, 240 p., 2018.

S.-C. Chapman et S. Franchet, *Organiser des ateliers créatifs*, 144 p., 2018.

S. Azria, M. Lopez, *Guide juridique pour blogueuses créatives*, 128 p., 2018.

S.-C. Chapman, *Réveillez votre créativité*, 96 p., 2016.

S.-C. Chapman et S. Franchet, *Le Guide des entrepreneuses créatives*, 176 p., 2015.

N. Buonomo, *Monétiser son blog*, 96 p., 2015.

M. Bourgoin, L. Lazerges, A. Nello, *Blog it yourself !*, 250 p., 2015.

V. E. Sutanto, *Packaging pour blogueuses créatives*, 176 p., 2015.

H. Adnum, *Photographiez vos créations*, 192 p., 2012.

Impression & brochage SEPEC
N° d'imprimeur : 21682190802
Dépôt légal : septembre 2019
Imprimé en France

IMPRIM'VERT®

PEFC™ 10-31-1470 / Certifié PEFC / Ce produit est issu de forêts gérées durablement et de sources contrôlées. / pefc-france.org